商道门票

付兆国◎著

黑龙江人民出版社

图书在版编目（CIP）数据

商道门票／付兆国著. — 哈尔滨：黑龙江人民出
版社，2019.1
ISBN 978－7－207－11630－7

Ⅰ.①商… Ⅱ.①付… Ⅲ.①商业经营—通俗读物
Ⅳ.①F713－49

中国版本图书馆 CIP 数据核字（2019）第 019048 号

责任编辑：姜海霞
封面设计：欣鲲鹏

商道门票

付兆国　著

出版发行　黑龙江人民出版社
　　　　　地址　哈尔滨市南岗区宣庆小区 1 号楼（150008）
　　　　　网址　www.hljrmcbs.com
印　　刷　永清县晔盛亚胶印有限公司
开　　本　880×1230　1/32
印　　张　6.75　插页22
字　　数　90 千字
版次印次　2019 年 1 月第 1 版　2021 年 6 月第 2 次印刷
书　　号　ISBN 978－7－207－11630－7
定　　价　38.00 元

XIN HUA
Yu ni gong chuang hui huang

DATE: NO:

喜迎澳门回归祖
国，愿随书万里，献
赤诚之心，奉表之
情。可亲可敬！

千里之行始于足下
一步一个踏实脚印
有志者事竟成
　祝君步步走向成功

山东省体育运动委员会

98.8.10.

电话:(0531)2010111-3231
手机:13764053 21
传呼:128-2059181

徒步千山万水，
喜迎澳门回归。

滕州市体委
98·8·19·

XIN HUA

Yu ni gong chuang hui huang

DATE:　　　　　NO:

借蒲松龄先生：

　　有志者事竟成，破釜沉舟

百二秦关终属楚。

　　苦心人天不负，卧薪尝胆

三千越甲可吞吴。

　　之联敬赠付兆国

同志。祝顺利到达。

电话：
05166710013

（印章：江苏省利国乡人民政府）

付北国同志：

徒步行完万里表诚心。

双足踏遍全国迎回归

迎澳门回归、众望所归。

桐乡人民永远支持您。

祝：

快乐、一路顺风

桐乡体委

98.10.5

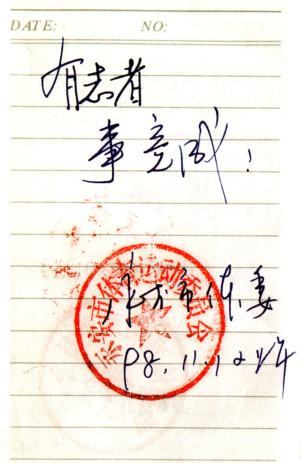

有志者

事竟成！

祝付北国川志

迎澳门回归胜

举成功！

广东梅十礼永

98·11·25.

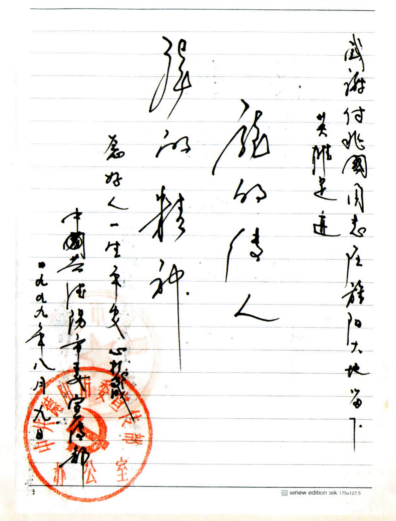

尚海付兆國同志在雷鋒同志墓前

我們是建…

雷鋒的傳人

黃河精神

為好人一生平安…

中國若…

一九九九年八月九日

龙：特此

一路顺风，胜利归

达目的地。

广东中山...

五九九二 八月十六日

独步神州书写豪气贯南北

特立中华竖起雄风分四化

　　——敬贺冀付北国之光

四川新世纪书画教育青年社

一九九三年八月十一日

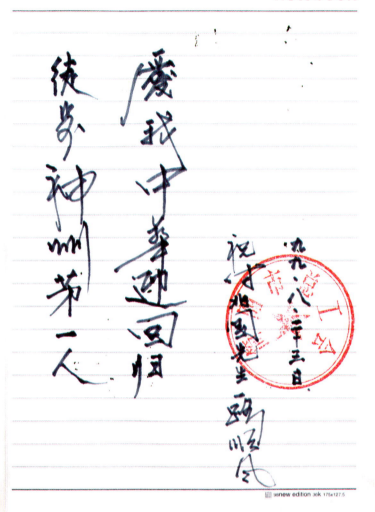

爱我中华迎回归

徒步神州第一人

祝祖国繁荣昌盛

九八年五月日

赠付兆围同志

一路平安·

中共乐至县委宣传部

一九九九年八月二十五日

徒步环行

第一人

江苏...宣传部

一九九...年八月廿七日

98new edition 36k 175x127.5

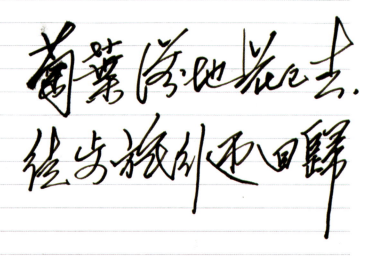

葡萄溝地荒已去，
徒步旅行還回歸

重慶市潼南县老干局
一九九九年九月一日

98new edition 36k 175x127.5

赠 付兆国卫生：

坚韧不报的中国人。

一九九·九·九·

98new edition 36k 175x127.5

notebook

向付兆国同志学习：

不畏艰险攀高峰的精神，

桐柏县总工会
一九九九年九月二十日

98new edition 36k 175x127.5

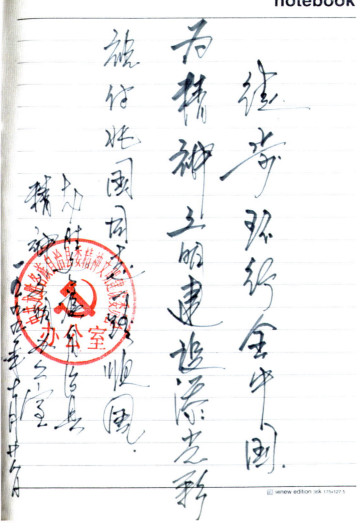

与时俱进全中国.

为精神文明建设添光彩

雄伟壮阔同舟共济

精神文明建设一路顺风.

壮几年头回首方知道路遥远

拔一生到终时自惜岁月匆促

祝祖国君一路平安

中共三都县委宣传部

一九九〇·九·十五

走向辉煌 画至中国

整做古代绘画家

祝付北国而去作今

祝贺 中国成功

刘云山

1999. 9. 27.

9enew edition 36k 175x127.5

向付兆国同志致以最崇高的敬意：

徒步长征
中华精神

贵州省桐梓县体育
事业中心
1999.9.20.

98new edition 36k 175x127.5

4月16日，东北汉子付兆国又一次从北京出发，踏上了万里征程，在澳门回归祖国的那一天，他将走到澳门，完成他徒步环游中国的壮举。

一年前的4月16日，付兆国独自一人背着行囊，从家乡黑龙江青冈徒步南下，历时243天，行程4900公里，于12月10日到达广州，将自己多年来徒步环游中国的梦想完成了一半。现在，一年后的4月16日，他要去完成那另一半。

1986年夏天，付兆国徒步在田间小路，抬头望见蓝天白云，忽然想到，就这样走着走，走遍全中国乃至全世界也不是不可能的嘛！回到县里，素来习武的付兆国马上叩开县委委的门，讲述自己欲徒步环游、弘扬武术国粹的打算，听的人就像听笑话，你付兆国有家有业的，发什么疯？只知古代有个徐霞客，难道你想做徐霞客第二不成？"就做个徐霞客第二又有何不可？！"付兆国于1993年承包了青冈县燃料三公司，当上了经理，经4年艰苦创业，打下经济基础，然后在1998年他的生日这一天，他踏上了万里行程的第一步。阳春4月，恰逢关外大风，付兆国义无反顾地顶着风一直走远了，头也不回。他后来回忆说：只怕这时一回头，多年的决心就会动摇了。

沿着102国道走出山海关，经京津公路南下，登泰山一览众山小，走文明乡进孔子府地，游富春江到千岛湖，再走南京、上海、杭州，他勇敢地投身到无比辽阔、富丽的祖国大地。他所走过的路程，并不全是通衢坦途，也有人迹罕至的穷乡僻壤，为攀登峭壁，他不得不像猴子那样攀藤附葛；穿行于苇塘时，他也只得像蛇虫一样伏身而过，终于走完9省3市89座城地。现在的再次远征，计划249天，比上次多6天，将走过8省2市81座城市，1999年12月20日到达澳门，共计行1万公里。这样，就将完成环行中国一周的壮举。

这一次，他将走过山西浑源县，从干涸的河道上仰望悬空寺，那座无比绝妙的北魏古刹；还有雁门关、五台山、平遥古城、三门峡的百米峭壁、华山；然后经栈道关隘上难于上青天的蜀道，在高耸霄汉的剑门关有姜维屯兵抗钟会处，遗址至今犹存；在由川入黔的交通要道，有万峰插天、中通一线的娄底关，64年前中国工农红军第一方面军与黔军在这里的大战，揭开了遵义战役的序幕……

入广西，经门东，在澳门回归日，他将看到澳门最高山峰上的灯塔，那座山川叫做东望洋山，山上有古旧的教堂、破落的城堡炮台和中国海岸上历史最悠久的灯塔，那灯塔自1865年开始发光以来，一直照耀到今天。

行万里路，胜读万卷书，付兆国沿途将与各地武林高手切磋技艺，弘扬武术的武德武技，将用摄影和文字记录下一路所见所闻所感，记录下祖国大地的沧桑变化，经过艰苦跋涉的万里旅行，他将以其独特的收获，在澳门回归的历史时刻，向世人做出展示。

□ 栗 丹

独行万里

——付兆国徒步环游中国的故事

人在旅途

《中国文化报》

白手起家创业 徒步行遍神州

很久以前便听说过付兆国，只是一直没有机会谋面。这是一位诞生在黑土地上的传奇人物，他曾经独身一人徒步走遍大江南北，为迎接澳门回归作义务宣传，历时近两年，行经22个省市自治区，行程二万多公里，前不久，在省博览中国举办的农博会上，我意外地采访到了付兆国。在一种名叫"红豆粉"的新型饮品展位前，人头攒动、咨询、洽谈的人络绎不绝。展位左侧的广报上是一位神志刚毅的旅行者，旁边标注着"付兆国"三个字，原来是他!

付兆国神情刚毅，双目有神，一付在大目恐中练就出来的结实身板，高大魁梧。他性格随和，丝毫没有名人的架子，脸上总是挂着微笑，给人的感觉极富亲和力。

提起两年前完成的徒步走到澳门的壮举，付兆国说"这是我一生中最重要的一个决定!"他生性喜欢挑战。在没开始旅行前，他是青冈县一家燃料公司的经理，那是他辞去国营工作、拼搏五年换来的一份殷实产业，足够他安逸富足地过一辈子。但他却想再用另一种方式证明和实践自己的能力，向自己体能和意志的极限发出挑战。于是他便勾划出了徒步走遍全国，迎接澳门回归的计划。最让他感到的是他的妻子王宇木对他这一"疯狂的"想法给予了充分的理解和支持。1998年4月16日付兆国扔下如日中天的事业，开始了他的旅行生涯……

在长达20个月的漫长旅程中，他克服了无数常人难以忍受的困难，途如饥渴，疲惫孤独、毒虫猛兽甚至歹徒的袭击。一个背囊，一架相机便是他的全部装备。他一路风霜露宿访名山大川，古都名城。他走过东北三省，先到首都北京，再穿过中原南下江浙，然后一路西进，直至陕、川、黔诸省，再向南行至广西、广东，最终于1999年12月20日抵达终点澳门。真是"风霜雨雪任尔洗、一路豪歌向天涯!"

这次旅行对付兆国来说收获是极其丰厚的。磨炼出了强健的体魄，意练出了坚韧不拔的意志，开阔了眼界陶冶了心灵。在他人生的阅历中增添了那份厚重的积累更是无价之宝!他的壮举同时也影响、感动了许许多多的人。他有个笔记本每到一个地方便写上当地政府部门盖个章，几乎每个盖章的人都在上面写上了各种鼓舞勉励的话语。北京市委的留言是"独行万里，爱国之举、战胜困难、一路顺风"；陕西市总工会的留言是："徒步环行祖国大地、纵览秀美河山、胸怀博大、登高极远、更显中华民族之魂、精神可嘉、身负重任、旅途艰辛、一路珍重"……

付兆国一走成名后，很多人劝他利用名人效应去赚钱，他没有听，然而推掉了各种宴请和采访，钻进了图书馆的书堆中，潜心于绿色食品"红豆粉"的研制中。功夫不负有心人，他入偶的探索和执着的精神再次使他获得了成功，今年春天红豆粉的研制正式宣布成功、并取得了国家专利。这种红豆粉是采用优质胡萝卜、大豆及鲜牛奶为主要原料经特殊工艺加工而成的。胡萝卜素不溶于水，自体人吸收率是众所周知的，付兆国借鉴东北民间秘方，将胡萝卜的药性原理与豆类的特定功能用高级工艺二者有机结合并生成新的营养物质，让人体不仅能充分吸收胡萝卜与大豆的高营养，而且比普通的胡萝卜汁或豆奶饮品具有更高的保健功用。

付兆国说：经过那次徒步旅行后，自己将金钱地位等都已看得很淡，现在搞"红豆豆"更多的是想在科学上和市场中检验自己，同时为老百姓们提供一种实实在在的、不掺假的好食品。望着付兆国张认真而坚毅的脸，我的耳边仿佛响起了那首歌："敢问路在何方，路在脚下……"

大龙食品有限公司 联系电话:0455—3242457

国际滑雪产业论坛暨滑雪节 专栏

《黑龙江日报》

付兆国徒步旅行途经我市

走万里路 献爱国情

本报讯 8月24日，从黑龙江省青冈县徒步旅行探访澳门的付兆国抵达我市。25日晨，付氏离徐去南京。

付兆国今年39岁，系黑龙江省青冈县燃料三公司经理。为迎接1999年12月20日澳门回归祖国，他在当地政府和体委的支持下，决心徒步旅行5000公里，将在1998年12月20日到达澳门探访。他于1998年4月16日从青冈县出发，途经哈尔滨、北京、天津、济南、徐州、南京、上海、南昌、广州等地。来到徐州，他已行走2390公里。（于学强）

《徐州日报》

《新晚报》

黑龙江付兆国抵达西安

徒步环行中国 迎接澳门回归

本报讯（记者贾令伟 实习记者雪峰）今年4月16日，一位东北汉子从北京出发，踏上万里征程，他要在澳门回归祖国的那一天走进澳门，完成他徒步环行中国的壮举。昨日下午7时，他按照既定计划徒步抵达西安火车站。这位被人誉为"步量共和国"的壮士叫付兆国。

付兆国是黑龙江省青冈县人，今年40多，从小酷爱武术。去年4月16日，他从家乡出发，开始自费徒步环行中国。去年他历时243天，沿我国东部沿海一线，走过12个省市，共计89座城市，行程4900余公里，于12月10日到达广州。12月14日，返回家乡休整。

今年4月16日，他又从北京出发，开始沿西部内陆地区旅行，计划全程近5000公里，历时249天，于12月20日澳门回归祖国前一二日到达澳门。

"行万里路，读万卷书"。为了积累和保存旅行收获，付兆国坚持每天记1000字的旅行日记，目前已写下日记近30万字。

《华商报》

步量华夏　追寻澳门

—— 付兆国环游中国记

图为付兆国

1999年4月16日，一位东北汉子从北京出发，踏上万里征程，他要在澳门回归祖国的那一天走进澳门，完成他步量环游中国的壮举。他就是黑龙江省肯冈县燃料三公司经理付兆国。

1998年4月16日，正是这位东北汉子，独自一人从家乡徒步南下，历时243天，行程近5000公里，于12月10日到达广州，将徒步环行中国的梦想实现了一半。1999年5月18日，在太原市新东武术学校，笔者见到了付兆国先生。

交谈中，我被他浓烈的爱国精神所打动。作为一家公司的经理，他本可以在这两年内赚更多的钱；作为儿子、丈夫、父亲，他有一个温暖的家，他本可以在家享受天伦之乐。而他却又无反顾地选择了这样一条艰辛的路。他说："我为自己是一名中国人而骄傲，因为祖国有悠久的历史、广袤的土地、众多的民族和灿烂的文化，因此，走出去领略各地的风土人情、一直是我的理想，继香港回归祖国后，今年澳门就要回到祖国怀抱了。我梦想着在12月20日踏上澳门的土地，亲历回归的庆典。钱没有挣够的时候，而人生却只有一次。如何才能使自己的人生更有意义？我所以选择徒步环游中国的方式，是想更脚踏实地地感受祖国的伟大。"

1998年4月16日是付兆国的生日，也是他踏上万里征程的第一天。他没有惊动任何人，瞒着父母和仍在梦中的女儿迈出了艰难的第一步。身近的妻子已哭成了泪人，付兆国返身回头，下了多年的决心就要动摇。现在回想起来，付兆国却觉得那一步迈得非常的沉重。

日行夜宿，风雨无阻。夏天，为了躲开炽热的太阳，早上4点30分他就得出发。有时遇到沿途没有人烟的地方，他一天就得走40余公里。如今，他已走破了十几双布鞋，连藤制的手杖已磨短了30厘米，出发前体重93公斤的他，现在已降到不足75公斤，腰围也缩了15厘米，每到一地，他都与当地体委联系，以验证其徒步行走的壮举。而当各地的许多单位和个人要赞助他物或免费提供食宿时，他都客气地谢绝了。整个行程下来，六七万元的花费都是他自己掏的腰包。

沿着102国道走出山海关，付兆国于1998年7月1日下午2时走到了天安门广场，历时77天。从北京走京海公路南下，登泰山、进孔庙、游曲阜江到千岛湖，经南京、上海、杭州等旅游圣地，于1998年12月10日，走到广州。

今年，他又从北京出发，经河北，于5月1日从广灵走入我省。途经应县、五台山、忻州，于5月16日到达太原。好客的山西热情地接待这位来自黑土地的壮士。在应县，出身平原的付兆国，一口气走了30多公里的路来到白马石村时，脚已累的不听使唤。村党支部书记把他请到家里，让他用热水泡脚，老伴又为他煮了热腾腾的面条，坐在老乡的炕头上拉着家常，付兆国仿佛回到了自己的家。

付兆国在我省境内走880公里，途径22个县市，历时40天，于6月10日经平陆到达河南三门峡市，然后西经西安到成都，东经南京到上海、南达广州交汇，并于12月20日澳门回归之日到达澳门。在此，笔者默默地祝福他：付兆国，请走好！祝你一路顺风。

文／刘桂梅

骨骼的迹象表明它善于快速奔

……家推断，某些恐龙在奔跑捕食……提高速度，进而演化成鸟类飞……

……古生物学家在江西西部地区……翼龙、中华龙鸟、北票龙等五……龙。"它们分别处于恐龙向鸟……的不同阶段，其中中国鸟龙最……徐星说。

新华社 摘自《科技文摘报》

…跑的恐龙

《山西科技报》

乱、满面尘土、两眼发直、大约十来岁的孩子。看到眼前的一幕，贺勇想，这孩子是不是病了？怎么没人照看？他走上去扶起小孩，把他领到旅店里，详细询问了孩子的身世。这孩子名叫刘明，家住五里明镇利民村后二龙山屯。三年前，母亲外出打工一去不回，父亲一气之下与妻子离婚后也负气出走。时年八岁的刘明被姑姑收留。然而好景不长，不……一顿，刘明身上淤青。三人决定先给孩子找个住处治好病。贺勇把刘明送到距此6公里的舅舅家，好心的舅母收留了小刘明。经过几天的调养，小刘明又活蹦乱跳了。贺勇又找到村小学校长，联系让刘明上学的事。当记者问贺勇此举的初衷，他笑了，“恻隐之心人皆有之，作为一名党员、干部，我又怎么能眼看着一个年幼的孩子流浪呢？”

文/熊福春 记者 赵瑛

付兆国 用脚步丈量祖国

文/马振亚

古代有位徐霞客，徒步旅行几十年，成为中国徒步旅行第一人；当代有位余纯顺，徒步旅行七年，用生命为自己的徒步之旅画上了一个凄美的句号；付兆国步其后尘，历时两年，途经19省、一百七十多座城市，行程9530公里，完成了环行中国一周的徒步旅行，从而为自己壮丽的人生画卷涂抹了浓重的一笔。

我有一个梦想

——付兆国徒步旅行漫记之一

早在1986年春，付兆国受燃料公司领导委派去农村考察工作，从青冈德胜乡到致富乡十几公里的路程，他是步行在田间穿过的。沐浴着早春二月的阳光，脚踏皑皑的白雪，使他感到从未有过的轻松愉快，突然萌生了一个想法，就这样徒步走遍祖国的大江南北，一定是件非常愉快而有意义的事。

还是那年夏天，县委党校招生，带职学习两年。临毕业前，付兆国组织一些同学要骑自行车去五大连池旅行，当时要参加的人不少，可临出发前一天，却都由于种种原因不去了，他当时很失望，但仍然义无反顾地一个人去了。三百多公里的路程，往返9天时间，他得到了极大的满足，徒步周游全国的梦想在心底更加强烈。

那年，他才二十几岁。

1993年，青冈县燃料公司实行机构改革，分割承包。付兆国以法人负责制的形式承包了青冈燃料三公司。5年下来，他从白手起家到终有小成，经济上有了雄厚的基础，这时，他的思想和对人生的追求又有了新的认识，徒步旅行的条件也基本成熟了。

1997年香港回归，1999年澳门回归，付兆国要用他的脚步来抒发爱国豪情，以坚忍不拔的精神、强健的体魄来书写壮丽的人生。

1998年4月16日，这一天是付兆国的生日。他从青冈出发，沿哈黑路步行六天，到达哈尔滨，出哈尔滨走202国道，过拉林到达吉林省榆树市，在市宾馆度过了五一国际劳动节。之后，他没有直达长春，而是绕道吉林市，因为他是吉林铁路经济学校的毕业生，他要看一看一别二十年的母校和同学。

出吉林市经梅河口进入辽宁省境内，经抚顺到沈阳，南下盘锦油田，经锦州、兴城、葫芦岛，山海关走出东北。沿102国道经通州，于1998年7月1日午后两点到达天安门广场。历时77天，行程1570公里。

在北京观光学习半个月时间，于7月16日从天安门广场东行通州，走京津公路到天津，再走104国道，经沧州中国武术之乡，过吴桥江湖杂技城，经德州于8月8日到达泉城济南。出济南登泰山，经礼仪之邦、文明之乡曲阜，过微山湖，到江苏徐州，过长江到十朝古都南京市。再走312国道，过镇江，穿常州，观无锡太湖美景，游苏州园林虎丘风光，走昆山大道，于1998年9月24日到达国际大都市上海。

1998年10月1日出上海，沿美丽的富春江风景线经富阳、新安江、衢州到江山市。改走205国道进入福建省闽西武夷山区，经南平、三明市、上杭进入广东，于1998年12月10日到达广州，完成了徒步环行中国的一半历程——东部之旅。历时8个月，243天，途经12省，89座城市，行程4900公里。

1999年4月16日，他又从北京奥体中心、中国武术协会出发，开始了艰难的中国西部之旅。离开北京之后，走尚未开通的109国道，到山西省，登北岳恒山，走白马石到五台山，走108国道经忻州到太原，横跨黄河到河南省，出潼关进入陕西登华山之巅，于1999年6月26日到达西安古城。7月1日，出西安翻越秦岭顶峰，到佛坪自然保护区，走金牛古道，进入四川，感受当年李白蜀道难，于1999年8月12日到天府之国成都。8月20日，走成渝公路到重庆，过长江南下贵州。于9月26日到达贵阳。10月6日，出贵阳到桂林，经蒙山到梧州出广西，走312国道，经德庆、肇庆、三水于12月5日第二次到达广州，完成了环行中国一周的徒步之旅。为完成徒步万里迎回归的爱国之举，12月14日，他又从广州到番禺，经顺德、中山、珠海于12月19日午后到达拱北口岸，用实际行动向澳门回归奉献出了一份赤子之情，也圆了他一生中环游祖国的梦想。（待续）

（图为1999年8月12日付兆国行至四川成都10公里处接受四川卫视电视台记者采访。）

《绥化日报》

绥化日报 SUIHUARIBAO

1999年4月4日

第164期（总第247期）

星期周刊

澳门，千里万里

我徒步迎你回归

文／马振亚 本报记者 文可心 夏德波

（图为步行者北京至天津之间的天下第一城的留影。）

澳把你身边的新闻告诉我们
热线传呼：280—6751　180—6278

明珠杯社会新闻大赛

本期责任编辑　郝晓明　夏德波

消费者再也不

洒向校园

他是步行全海南的第一人

黑龙江汉子付兆国53天走完海南18市县

□记者 廖自如/文 单正党/图

本报讯 10月18日,黑龙江汉子付兆国花了整整53天时间走遍了海南省18个市县,成为第一个徒步走遍海南岛的人。他的下一个目标就是向国家申请徒步环行台湾岛。

据了解,付兆国是黑龙江省青冈县人,今年47岁,是名徒步旅行的爱好者。1998年,为迎接澳门回归,他走了19个省,步行9530公里,于1999年12月19日澳门回归的前一天到达拱北口岸。2002年,付兆国徒步从北京走到呼和浩特。

今年8月22日,付兆国来到海口。8月27日凌晨4时,他从海口新港出发,徒步走海南省的每个市县,参观、考察、学习。每到一个市、县,他都要找到当地市、县的文体局签字盖章。

谈起自己徒步旅行的最初动机,付兆国解释说是1986年,他下乡考察农村用煤情况,从一个乡到另一个乡,走在田间

地头,看到蓝天、白云、瑞雪,为大自然的美景所陶醉,从此萌生了徒步旅行的想法,但因为一无资金,二无时间,这种想法只能搁浅。1993年,他承包了本县一家燃料公司,积累了一些资金,也有可自由支配的时间,于是对自己的愿望后来付诸实施。付先生自费徒步旅行以来,共花费资金18万元,穿坏了28双解放鞋。这次他成为全世界第一个徒步走完海南全岛每个市县的人,已向上海吉尼斯总部申请吉尼斯世界纪录。

下一步,付兆国表示将向国家有关部门申请赴台湾,准备徒步环行台湾各县、市,迎接2008年北京奥运会,加强大陆与台湾的民间友好往来和交流。

《海南特区报》

行万里路　读无字书
付兆国徒步南下迎澳门回归

付兆国用一种庄重的形式，开始了另一半的行程。他最近从北京天安门广场出发，独自步行，计划于今年12月20日到达澳门，以一个武术爱好者的独特方式表达迎接澳门回归祖国的欣喜之情。

付兆国是黑龙江青冈县燃料三公司的经理，是改革开放的大潮使他得以展现身手，业绩颇佳。今年4月20日他放下了手中的业务，开始徒步游历。在下一段路途中，他计划在沧州与民间武林进行交流，然后沿途与经济发达地区的企业家交流企业管理经验。行万里路，读无字书。付兆国认为，此行能使他的综合素质有一步更大的提升。

纪正

《中国体育报》

东北奇人环行迎接澳门回归
一双铁脚徒步万里抵达肇庆

本报讯 黑龙江人付兆国为迎接澳门回归，徒步环行中国，11月30日历经近万里到达肇庆，离最终到达澳门为时不远。

付兆国是黑龙江省青冈县体委干部，今年40岁，喜欢旅游。为宣传爱国主义，迎接澳门回归，他于1998年4月萌生了徒步环行中国的设想，并付诸实施。1998年4月16日，他从青冈县出发，沿着中国东部经北京、天津、山东、江苏、上海、浙江、福建徒步，历经243天，行程4900公里，于当年12月10日到达广州。今年4月16日，他又沿着中国西部经北京、山西、陕西、四川、重庆、贵州、广西、广东，计划于12月中旬到达澳门。到达肇庆之前，他已沿着中国西部走了9260公里，其间翻越秦岭，徒经无人区，遭遇酷暑和山体滑坡，历经艰辛。付兆国徒步只凭一张中国地图，行李简单。每到一地，就与当地体委联系。

到达肇庆后，他领略了肇庆风光，停留一天，继续沿鼎湖、大沙一线向广州进发。

谈到徒步环行的感受，他认为虽历经坎坷，但看到中国名城山川的美丽，心中充满着中国人的自豪感。 （段岸立）

《西江日报》

■本报记者 史向阳

徒步环游走中国

常言说"行万里路，胜读十年书"，青冈县燃料公司的付兆国是用自己的行动来理解这句话的。1998年4月到1999年12月，付兆国用两年时间完成了徒步环中国一周的旅行，途经19个省，170多座城市，行程9530公里，耗资18万元。

早在1986年春，二十多岁的付兆国就萌生了徒步旅行中国的想法，1998年，承包了燃料公司5年后，从白手起家到实现小康生活，付兆国得以有足够的条件重拾年轻时的梦想。

制定了详细的规划、路线、时间，研究了解了各地的地理、气候、人文、民俗等，付兆国打点行囊，怀着梦想和忐忑不安，在妻子的默默护送下，出发了。

在家千般好，出门事事难。因没有旅行经验，付兆国第二天脚掌和脚趾就磨出了水泡，肿得不敢着地，吃了几片镇痛片，又买了一个拖布扔掉拖布头，他拄着拖布杆又上路了。徒步旅行，衣食住行事事都要操心，而身揣巨款的他最重要的是确保安全。

在广东一个小镇，为躲避中午的烈日，付兆国找到一家旅店，和老板说好临时休息一个小时给5元钱，老板答应了，并把他领到后院拐角处的一个房间，订好一小时后叫他。房间和院子里很静，不知不觉打了个盹的付兆国猛然醒了，一种不安之感莫名其妙地冒了出来。看看时间快到了，付兆国收拾好东西开门要走，可门却怎么也打不开，原来被老板在外面锁上了，喊了半天也无人应，后窗封着钢筋，前窗也钉死了，付兆国直冒冷汗，忽然想起进镇时记下的镇派出所的电话，一打却是空号，想往青冈的家里打，又怕家人担心，情急之中只好自己想办法卸下前窗玻璃钻了出来，原来是虚惊一场。

翻越灵山隧时，付兆国遇到了雷雨。早起时的星星小雨他并没在意，查看地图发现十几公里处有一林场，粗算一下中午就可以到那里稍事休息，山路阴森险峻，没有车，也没有行人，走到林场时他才发现，这里既没有饭店、旅店，连食杂店都没有，只好硬着头皮继续上山，雨越下越大，山越上越高，闪电在身旁过，炸雷在脚下响，又无可避雨之处，随时有被雷电击中的危险。走投无路之时，迎面开来一辆面包车从付兆国身边驶过，车上的人热情地让他上车避一避雨，总算躲过了这场"天灾"。

一路上，类似的凶险付兆国经历了很多，在秦岭自然保护区被牛追赶，山体滑坡在乱石中爬行、穿越千米长的隧道……他都化险为夷。从1998年4月16日~12月10日，付兆国从青冈步行到广州，完成了环行中国的东部之旅。1999年4月16日，他又从北京出发，于12月19日到达拱北口岸，至此历时两年完成环中国"走"一圈的夙愿。

两年中，在各地总工会的协助下，付兆国还参观了万里集团、长虹家电城、董公酒厂等大小几十家企事业单位。

回味走过的路，付兆国最大的收获是相信自己。他还有一个更大的梦想：单骑环球一周，为此他正积极地筹备着。

《黑龙江日报》

图为付兆国正行走在河北老山顶。

步量共和国

——付兆国徒步环游中国，5月17日到达太原

□ 本报记者　刘桂梅

"时迁"六月闯京城

32集电视连续剧《精忠报国》下月开拍，孟聚成将扮演岳飞的结拜兄弟廖怀

真实的陈国军

春风得意梅龙镇

《山西农民报》

天行者　付兆国

《今天消费报》(黑龙江)

中国徒步迎澳门回归第一人

1997年7月1日,香港回归,举国欢庆。澳门回归,日期已定,全国瞩目。为迎接澳门回归,振兴民族精神,展示爱国激情,笔者决定要徒步走到澳门,以迎接澳门回归。

1998年4月16日,笔者只身一人,背起行囊,从家乡黑龙江省青冈县出发,开始了徒步万里、迎接澳门回归的行程。青冈县体委赠了一面红旗,上面写道:"祝付兆国同志,迎澳门回归,徒步远征,攻坚克难,志在必成。黑龙江省青冈县体委。"

笔者徒步6天走到哈尔滨,然后,走202国道一路南下,经吉林、梅河口、抚顺到沈阳,走过沈阳继续南行至盘锦,过东郭苇场,经锦州、山海关，于 1998 年 7 月 1 日，历时 77 天走进北京，走到天安门广场。这一天，正是中国共产党建党 77 周年纪念日。《中国文化报》《中国体育报》《保健时报》等新闻媒体，对笔者徒步迎澳门回归的爱国之举做了宣传报道。

走出北京，过天津，经沧州、德州到泉城济南，再南下过泰山，经孔孟礼仪之邦曲阜、邹城，过微山湖到徐州，跨长江到南京，在长江南岸，走 312 国道到达国际大都市上海。

走出上海，经嘉兴到杭州，行进在江南大地上，欣赏着江南水乡无限风光。走过杭州，沿富春江风景线前行，更是山清水秀。从衢州、江山走出浙江，进入武夷山区。走在闽西山间，似步入世外桃源。

走过南平、三明进广东，经梅州、河源，于 1998 年 12 月 11 日走到广州。一路翻山越岭，穿州过府，历经艰难困苦，历时 240 天，徒步行走 5000 公里，完成迎接澳门回归的东线路途。

距澳门回归还有一年零 10 天。

1999 年 4 月 16 日，笔者再次从北京天安门出发,要完成迎接澳门回归的西线路途。西出北京过灵山,走进晋北到恒山。南北穿越三晋地,跨过黄河闯潼关。过华山,于7月1日走到古城西安,走出西安,走过周至自然保护区,翻越秦岭,走到汉中,经宁强进川北,走过明月峡到广元,走剑阁金牛古道,经绵阳、德阳到成都。

走出成都到重庆,然后南下遵义到贵阳,经桂林、梧州进广东,经肇庆再次走到广州,于1998年12月11日第一次走到广州的东线路途会合点,形成一个环形徒步路线图。然后,东出广州经番禺、中山市,向澳门前进,终于在1999年12月19日,胜利走到澳门。徒步西行线路历时248天,行程5000公里。至此完成了为迎接澳门回归徒步环行中国。

笔者只身一人,徒步澳门迎回归之举,历时两年,风餐露宿488天,徒步两万里,途经中国十九省、市、自治区、一百七十多个市县。笔者在徒步过程中,每经过一个市县,都要到市委、县委宣传部,去宣传澳门回归,同时还到各地市县体委去签字盖章。笔者的爱国行为,得到各地党、政部门领导的大力支持,得到各地党政部门领导题词盖章的珍贵文件 400 多份。据笔者所知,这是全国唯一的一整套迎澳门回归的文化作品,笔者视其为珍宝。

笔者在徒步迎澳门回归的过程中,得到全国各地新闻媒体的大力支持,《中国文化报》《中国体育报》、四川卫视、广东卫视等全国各地一百多家广播、电视、报纸、杂志等新闻媒体、宣传机构,都先后进行了宣传报道。

前　言

我做了三十多年企业,从经营性企业到生产企业,创办过多家公司,历经创业之艰辛,尝遍经营之苦涩。曾经几何,我徒步走过大江南北、祖国东西,足迹到过内蒙古大草原,纵横贵州到过彩云之南,徒步迎澳门回归第一人,徒步走遍海南岛第一人,五次进出北京城。历时多年,历经多次,徒步中国三万里,途经二十四省、市、自治区,一千多座城镇,一路追寻商道,探访商经。在天龙屯堡,到访过沈万三祠,曾设想,在这里建一所学校,与前来这里游玩的工、商业者共同探讨经商之道,为想创业者讲解经商之道。到过周庄,也曾梦想,在周庄景区里建一个学堂,让游客旅游之余探寻周庄之精髓——经商之道。

我有过很多朋友,接触过很多工商业者和私

营企业,在他们当中,有很多小企业老板,他们不善经营之道,做事迷茫。在黑龙江,一米业厂主,领十几个工人,年流水能上亿,可是,几年下来还是还不上贷款。在秦皇岛市场,一肉店店主,领两个员工,每天都能卖出去20多头猪的猪肉,年营业额近两千万,利润却很微薄。在山东,各类批发市场的商户,年销售几千万元营业额的比比皆是,他们已经营了十几年、二十几年,依然还是个体商贩。他们有钱,有经验,可是,为什么没有把事业做大? 因为,他们没有上过专业学院,没有专业文化,不会做。因此,我想把我所经历过的、所感悟的,奉献给大家。通过我的经历,能让大家有所借鉴,有所启迪,少一点过程,快一点发展,进而使社会经济有所发展,社会文明有所进步,这就是我的最大愿望。在我的阐述中,如有不当或错误之处,恳请广大企业家朋友,给予批评指正。

谢谢!

付兆国

2018 年 2 月 18 日

目　　录

上篇　战略思想

下篇　战术谋略

上篇　战略思想

第一章　老板素养

第一节　蜕　变

　　中国现阶段的个体工商业者，大多数都不是大学毕业生，有的连高中都没有读过，甚至有的还是个文盲。就是这些文盲、半文盲的个体工商业者，支撑着中国民营经济的半边天。他们在各自的领域摸爬滚打了几十年，虽然他们文化水平不高，但是，他们在自己从事的领域内，早已成为行家里手，甚至是专家。他们中的很多人都已经到了爷爷、奶奶的辈儿了，可是他们还在自己的岗位上辛勤地耕耘着。他们不为自己，而是为了子女，给子女们买房、买车、成家。他们也想把事业做大，给子女打一个好基础，可是，他们不知道该怎么做，不会做。创建公司做企业，不是到工商机关办一个营业执照就行了，要想从一个个体转为公司，进行公司化经营管理，开拓一番事业，就要进行一次脱胎换骨的蜕变。

鹰是世界上寿命最长的鸟类，可达70岁。要想有那么长的寿命，它在40岁时必须做出困难却重要的决定。

40岁时，它的喙变得又弯又长，几乎碰到了胸脯；它的爪子开始老化，无法有效地捕捉猎物；它的羽毛长得又浓又厚，翅膀变得十分沉重，使得飞翔十分吃力。

此时的鹰有两个选择；要么等死，要么经过一个十分痛苦的更新过程——150天漫长的蜕变。它必须飞到山顶，在悬崖上筑巢，停留在那里不得飞翔。鹰首先用它的喙击打岩石，直到其完全脱落，然后静静地等待新的喙长出来，鹰用新长出的喙把爪子上老化的趾甲一根一根地拔掉，鲜血一滴滴地洒落。直到新的趾甲长出来后，鹰再用喙把身上的羽毛一根一根地拔掉。5个月后，新的羽毛长出来了，鹰得到了重生。

要想从一个个体工商业者，提升为企业家，做公司老板，就要提高自己的综合素养，从诸多方面开始修炼，逐渐打开格局，打造一个真正的商道老板。

第二节　学

人生就是一个不断学习的过程，干到老，学到老。一定要坚持经常看书学习，养成一个看书学习的生活习惯。因为，我们先天功底不足，所以，就一定要后天学习，补上学习短板。

有人说：现在的人有几个看书的，现代化时代，不用看书了，书本上的知识都过时了，要与时俱进，开拓创新。这个观点是不对的，书本上的知识没有过时，过去的知识是基础，只有在基础之上，才能创新，科学的进步是逐渐发展的，没有基础的创新，就好比空中楼阁。所以，我们还要脚踏实地，扎扎实实地学习，打好基础，坚持认真看书学习。

学习专业方面的知识，我们做什么行业，都要成为这个行业的行家里手，七十二行，行行出状元，只要选择了，就要走到底。我们以前没有进行过专业方面的学习，现在就要学习专业方面的知识，知识哪里来，知识就从书本来。现在看书的人少了，看手机玩游戏的人多了。我们要想做老板，就要不辞辛苦养成一个爱好看书学习的好习惯，利用点滴时间，多看看书，努力学习，开卷有益，做一个恪尽职守、学识丰富的老板。三国时期吴国大将吕蒙，小时候家很穷，读书很少，知识欠缺，孙权让他多读史书与兵法，鼓励他说："你们现在身居要职，掌管事务，应该通过学习来提高自己的知识水平。汉光武帝刘秀就连带领兵马打仗的时候，手里的书都不愿意放下来；曹操也自称老了也喜欢学习。你们为什么不勉励自己呢？"吕蒙开始专心致志，不知疲倦，发奋学习，最终成为一位文武兼备的大将军，战功卓著，成绩斐然，留下千古佳话。千年古人，尚且如此，我们现代人更应该奋发图强，坚持学习。

学习不仅是在书本上学习文化知识，还要在实践中学习，不断学习，不断总结，不断提高，才能不断进步，实践出真知。孔子说：三人行，必有我师。做老板要学会识人、用人、信人。汉高祖刘邦，文不及张良运筹帷幄，武不及韩信排兵布阵，但是他会用人，会用人就是高人，高人不是天生的，都是学而知之，知识渊博的人就是高人。

老板在实践中学习，就是要提高明辨是非的能力，要处事稳妥，要学会分析问题、解决问题，不要盲从，处理事务没有对与错的标准，只有好与坏的结果。老板还要关心政治，学习时事，掌握时局方向，看清时代形势，顺势而为，则事半功倍。

关心、学习政治要做到三个方面；第一，坚持收听、收看中央电视台新闻联播，养成习惯。第二，学习掌握你所从事行业的相关政策、法规。第三，与你所在的当地政府，要经常沟通，保持联系，要掌握地方性的政策与法规。

第三节　德

德是根本，是老板处事做人的行为准则，要做老板先修德，树根本。天行健，君子以自强不息，地势坤，君子以厚德载物。德以才为根，离开知识讲德，那只能是人的本性，人之初，性本善。善是小德，大德是以大智为本，用渊博的知识和智慧帮助大众、奉献社会。德以爱诠释：大爱爱国，大德治国，造福人民，奉献社会；小爱爱家，帮助大家，遵纪守法，以身作则。

德体现在企业中，首先是老板要热爱自己的事业，干一行，爱一行。只有用心去热爱事业，才能干好事业。老板更要爱护自己的员工，为员工着想，站在员工的立场上想问题，处理问题，解决员工的个人问题，员工才能为企业着想，为企业尽心尽力，使企业团结一致，上下一心，企业才能有生机、有活力、有发展。

德体现在人品上，就是老板要讲公德。在

社会上文明礼貌，遵纪守法。在经营上不坑蒙拐骗，不搞欺诈。在解决事务上出于公心，以公平、公正的心态解决、处理各种事务。

第四节　礼

衣食足，方知荣辱，仓廪实，方知礼节。中国是礼仪之邦，仁、义、礼、智、信，传承几千年，文明礼貌是人人尊崇的社会风尚。做一个企业老板更应该以身作则，做礼仪、礼节、礼貌的典范。

老板要注意形象，头型要端庄，衣服要得体，皮鞋要一尘不染，不能歪戴帽子，敞胸开怀，更不能文身刺背。要站有站相，坐有坐相。要时刻提醒自己是老板，时刻保持老板形象，要逐渐培养出老板气质，言谈举止，行走坐卧，处处彰显老板风范。老板对员工要尊重，礼贤下士，对员工说话要讲文明礼貌。

老板要做到仁义礼智信，信义是中华民族的美德，信义是做人基本的准则，所以，老板更要讲信义。

第五节　说

语言表达能力，是企业老板应有的基本素养，一个成功的企业家，大都是一位优秀的演说家。怎样才能具备演说能力，是每位企业老板的必修课题。惧怕在众人面前讲话是人的一个通病，既是病，就可以治愈，若问有什么捷径吗？没有，只有下功夫练。老板一定要做好功课，让自己能说会道。只有这样才能把自己的思想、意图传达贯彻到企业中去，企业才能按照老板的方针、策略发展下去。否则上下不通，企业的发展方向与老板的意识南辕北辙，企业就会走向衰败。

老板如何做演说功课？

一、假设参加一个朋友酒会，要做三分钟的讲话，老板就要做好准备，根据参加酒会的人员、主题、氛围，写出一个300字的讲话稿，要说出三个重点：说出感谢的话，感谢东道主的盛情美意；说出主题，说出此次酒会的意义目的；说出祝福的话，祝福在场的每位贵宾朋友，一定不要漏掉任何人。然后背熟，到脱稿，达到张口就来的程度，到参加酒会的时候，就能流畅得体地演说了。再把这个讲稿模式化，以后凡参加类似的酒会，就以此模式现场发挥，即兴演说。老板参加酒会的次数多，而且，酒会人数少，大家多是熟人，所以，讲话就会随意一些，没有拘束，因此，在酒会上练习演讲是最好的场所。

二、再假设参加一个庆典活动，被邀请讲话。老板就要事先准备好一个 500 字的五分钟演讲稿，同样把它背熟到脱稿，到会时就会风度翩翩，侃侃而谈。老板不论参加什么集会，都有可能被邀请讲话，所以，要时刻做好即兴演讲的准备，有备无患，久而久之，不论到什么场合，遇到什么情况，都可以即兴演说。

三、老板要经常给自己企业的员工开会，不论你的企业有十几个员工，还是几十个员工甚至更多，都要经常开会，通过会议，把老板的主张、思想、要求，传达贯彻下去。在企业内部会议上锻炼、培养老板的演讲能力，是最好的方法。

之所以讲话紧张，不会讲，都是因为准备不充分，对讲的事情不熟悉。如果讲老板自己企业内部的事情或专业知识，讲自己熟悉的事务，谁都会讲。所以，老板要想学会演讲，就一定要做好功课，时刻准备好，这样不论在任何场合，都能彰显老板的风度与魅力。

老板说话都很有分量，企业规模越大，老板说话的分量就越重。所以，老板一定要管控好自己的嘴，不要随意发表言论，说话一定要负责任。言语少方显稳重，事三思方可说话。话到口边留半句，伤人片语寒人心。因为，老板说话就是定性，说话就是决定。所以，老板说话要注意场合，注意分寸。言语越少的老板，越能彰显老板的分量，越能显示老板的气质。

说话就是与人交流、与人沟通，很多人没有注意到与人说话时的礼节，作为老板一定要懂得与人谈话的礼节。一些人说话时，眉飞色舞，吐沫横飞，有的吐沫星子都喷到对方的脸上了，不端庄，不雅致，不礼貌。更有的人，口腔气味难闻，很烦人，让人无法与之交谈。人与人正面谈话，应该保持一定的距离，最好在一米之间，因为，人就是一个菌源体，不论是体内、体外，人体都携带大量的有害菌，通过呼吸就有可能传染给对方，所以，与人谈话要保持一定距离，既是礼貌，也为安全。与人谈话，要温文尔雅，不要高声大气，公共场所不要大声喧哗，随时注意老板形象，点点滴滴培养老板素质。

第六节　笑

笑是形态，老板要学会笑，笑往往比说还重要。经营企业非常艰辛，老板很难笑得出来，特别是企业在低谷、危难的时候，老板正在水深火热之中，在艰难困苦之时，这时候是很难笑得出来的。但是，越是艰难越要笑，老板一定要笑，对客户要笑，给客户以信任；对员工要笑，给员工以力量；对家人要笑，给家人以温暖。笑脸相迎百事态，笑口常开百财来。笑看天下所有事，笑解千愁万绪开。一切都在笑谈中，笑中自有好运来。所以，老板一定要会笑。

笑代表自信，笑代表快乐。快乐可以传递，传递快乐的人，就是幸福的人。老板的喜、怒、哀、愁，都不能挂在脸上，经常挂在脸上的，永远都是快乐的微笑。

第七节　舍

舍是方法，舍得舍得，不舍不得，小舍小得，大舍大得。先舍后得，是客观规律。

舍的内涵很丰富，营销中的折扣、赠品是舍，给员工做福利、发奖金是舍，给社会做慈善是舍，所以，舍有很多种形态。但是，为什么要舍？如何舍？舍要达到什么目的，什么效果，则是最重要的。因此，舍是要有方法的。

明朝沈万三，卖斗米一定要加一个添头，

用斗卖米挂尖，不挂尖不卖，所以，市民都去他的米店买米，店前门庭若市，生意兴隆，自此留下了无尖不商的美誉。卖米挂尖是卖产品赠产品，价格收入不变，多卖出货了，销售量大了。现在销售产品很多是用打折的方法，九折、八折卖货，实际上是出货量没有变，钱少收了，利润率低了。所以，舍是方法，用正确的方法做正确的事情，才能事半功倍，否则，就会事与愿违。老板一定要学会舍，不能盲目去舍，舍是方法，舍是策略，商场如战场，运筹帷幄，决胜千里，经营企业也要讲战略战术，谋定而动。老板经营企业在智，而不在力，一定要学会经营，掌握方法。

还有些老板，在洽谈生意的时候，很怕自己吃亏，开出的条件很高，不肯让步，宁可要跑了也不能要少了，往往谈不成，错过了多次机会，后悔不及。如果，一次生意我们能赚五成，我们少要一成，对方是不是很高兴，我们少要两成，这笔生意还能不成吗？生意做了，朋友也交了，朋友多了，生意还会少吗？朋友多了，生意多了，我们赚的就多了。老板在谈单笔生意的时候，一定要掌握好取舍关系，先取一定会亏，先舍一定会赢。舍是老板的胸怀，是老板的格局。所以，老板一定要有胸怀，有格局，掌握好取与舍，才能任游商海，掌控全局，才能事业有成，成为真正的企业家。

第八节　诚

做企业要讲诚信，诚信是老板做企业的根本。企业讲诚信，就是要遵纪守法，重合同，讲信誉，不坑蒙拐骗。老板要有诚信，说到做到，勇于承担责任，敢担当。

老板的诚信是成熟，而不是诚实，成熟的是个好老板，诚实的则不一定是个合格老板，诚实的老板没有生意做。一个诚实的老板在市场卖货："大家快来买呀，货真价实，童叟无欺，20 进的，我卖 25，就赚 5 块，快来买呀，快来买呀。"他喊了一天，也没有卖出去多少，他总赔钱。另一个老板也卖同类货："贱卖了，

贱卖了，35 元一个，假一赔十。"来个顾客：
"老板便宜点吧。"老板："好吧，你给个价。"
顾客还价："28 元。"老板："哎呀，哪有那么
大的利呀，你照顾我生意，我谢谢你，但是，
你也别让我赔着卖呀，我这个货 30 元来的，你
多少让我赚点，32 元。"顾客买单了，31 元成
交了。结果，皆大欢喜，顾客高兴，老板满意。
改革开放初期，有些温州人做假皮鞋，坑骗全
国人民，在全国人民的一片咒骂声中，他们得
到了第一桶金，温州人发了，富了。温州人有
钱之后，做全世界最好的皮鞋，人们骂过之后，
还是去买温州人的皮鞋。

本章重点：

1. 学习。做老板的要养成学习的好习惯，
干到老，学到老。学习才能掌握知识，学习才
能增长才干，有知识才干，才能经营好企业。

2. 品德。这是老板为人处世的行为准则，
老板要修德养性，做有道德品质的模范。

3. 文明礼貌。老板要约束自己的言行举止，

做讲文明懂礼貌的表率。

4. 说话。老板要提高语言表达能力，能说会道。但是，老板是法人，说话有分量，一定要谨言慎行。

5. 微笑。笑是形态，是老板的形象，是老板对待人与事务的态度。

6. 诚信。这是老板经营企业的根本。

第二章　企业核心

第一节　建立企业领导团队

一个人能领导多少人？说一个人能领导千军万马，那是不可能的。在军队里一个班有十几个人，有正负两个班长。一个企业有几十人、几百人，乃至几千人，那不是一个老板在领导，而是有一个强大的领导系统在领导。老板要想把企业做大做强，就不能单打独斗，一个人的能力总是有限的，智慧灵感的火花是靠大家研究、讨论、碰撞出来的。一定要组建领导人团队，靠团结的力量，靠集体的智慧，才能根深蒂固。

企业为什么要建立核心领导人团队，就是

要给老板找几个能在一起研究事情的人。老板一个人再智慧也有疏漏的时候，一个人浑身是铁，能捻几个钉。国共战争时期，蒋介石独裁。什么是独裁？就是独自一个人自己做裁决，叫独裁。就是开军事会议，各位将军也是听蒋介石发号施令，独断专行。最后，兵败入海岛。共产党这边毛主席、朱德、周恩来等人，天天在一起研究事情，经常开会，集思广益，始终都能做出正确的决策，最后，打败了蒋介石，建立了新中国。三个臭皮匠赛过诸葛亮，老板不是做事的，老板是研究事的，是做决策的。

小微企业的领导，可能就老板一个人，生产企业或连锁机构，领导人团队也就三五个人，规模比较大的企业机构，高层领导团队也不会超过十个人，而是建立了自上而下的多层领导机制。中国共产党中央政治局常委也就几个人，领导全国十几亿人民。所以，企业高层领导团队人数都不要多，而要精。领导班子五人以上的，要有异性参加。领导班子人数，要单数，不要双数。

第二节　领导人的来源

一、合伙人做领导人

在最初做买卖开公司的时候，出资不是太多，买卖规模也不是很大，倡导人，也就是老板了，在亲朋好友之间找一个，或者几个人，就把事做起来了，对于合伙人，既没有标准，也没有选择，只要有人愿意干就是合伙人。这样的合伙人，绝大多数都没有走多远，就散伙了。但是，也有个例，少数成功的合伙人，历经千辛万苦，把企业做强做大，他们就是这个事业的创始人，他们的合作也就是百炼成钢。

二、投资人做领导人

投资人分三种：

1. 出资赚利息，不管你企业经营状况如何，投资人都要收取一定的利息，到期还本还息。这类投资人，对企业不承担责任，不承担风险，不能做领导人。他们大多数是放高利贷者，用钱去赚利息。

2. 出资入股，不参与企业经营管理。这类投资人要进行筛选，投资额大的、有能力的可以进入领导人核心团队。

3. 出资入股，直接参与企业经营管理，可以进入核心领导人团队。

三、特聘专业人员

企业生产、经营的项目，科技含量比较高，技术性比较强，老板就要特聘高级专业技术人才加入，并且让其加入领导团队，而且，还要给一部分股份。

四、有能力、有名气的名人

有一些宣传类的企业，为增加企业宣传力度，扩大企业影响，有的会聘请社会知名人士加盟入股，进入领导核心团队。

五、职业经理人

有的企业老板只做投资人，自己不亲自经营企业，高薪聘请职业经理人，有的还会给职业经理人股份，职业经理人就成了企业的直接领导人，也就是老板的代理人。企业的 CEO，也叫总经理，有职有权有利益。大型的酒店、大商超、百货商城等，聘请职业经理人的比较多。

六、吸来人才

企业需要人才，以吸纳的方式吸引人才需要有三个条件：

1. 企业要有一定的规模，让人向往来这里工作，以在这家企业工作为荣，这样才能有吸引力，才能吸来人才。

2. 企业有好项目，要造势，就是制造声势，让人感觉这家企业很有实力、很有影响、很有发展前景，来这里工作有前途。

3. 老板有人格魅力，吸引人才。

七、砸来人才

企业要想砸来人才，就需要有经济实力，还要信息准确，掌握好时机。元末明初，苏州有一个苏半城，听其名就知道此人有多大实力，商铺买卖占据半个苏州城。他的大管家叫王行，跟他半生，兢兢业业，任劳任怨，还没有结婚生子，人到中年的时候看中一位风尘女子，想娶她，给她赎身，可是王行没有积蓄，他就和苏半城说，想要借钱娶妻。苏半城听说之后，大发雷霆，把王行一顿大骂："你怎么能娶个妓女，你不要脸我还丢不起这个人呢，你个没有出息的蠢货，我苏半城的大管家能娶个妓女吗？"王行非但没有借到钱，还挨一顿大骂，心里非常不舒服，很委屈。自此，王行精神萎靡不振，工作无心，接二连三出了几次错，结果，被苏半城给解雇了。这时的王行生活、精神都坠入了人生的低谷。一天，一个自称是沈万三管家的人，来找王行，把他领到了一个非常漂亮的四合院门前，让他进去。王行推开院门走了进去，看到豪华漂亮的房屋，院心还有一个庭院花园，他在农村的父母正在花园里散步，王行赶紧走上前去问候："你们怎么在这里？"他父母说："不是你买了房子派人把我们接来的吗？"王行不知所措，走进大厅，看见他梦中情人穿着大红婚服坐在那里，美女见他进来，站起身款款走来施礼："感谢夫君为我赎身，我要伺候你一辈子。"这时，沈万三领着一群人走了进来，说："这所宅子是你的了，媳妇也是你的，今天你们就拜堂成亲。"沈万三说完，就张罗着让人张灯结彩，操办婚事。此后，王行成了沈万三的得力干将。苏半城知道此事后，真是追悔莫及。

八、自己培养

企业自己培养人才，虽然费用少，但是，时间太长。井冈山会师后，中国工农红军，在艰苦卓绝的革命战争中，历经二万五千里长征、抗日战争、解放战争，为新中国培养了几十位大元帅、大将军。但是，他们都是无数先烈前赴后继，英勇牺牲，用生命和鲜血培养出来的革命将军。

第三节　领导人的标准

一、自己人

进入企业领导人核心圈的人，第一个标准就是要与老板是同伙，与老板同心同德，始终站在一起，不论老板说话做事对与错，都要维护老板，与老板保持一致。就是和老板是一伙的，老板自己的人。

二、技术专家

领导人是专业人士，就一定要是这个行业的专家。如果领导人还不是这个行业的专家，就一定要走出去请进来，经常学习，请行业专家来指导，帮助我们尽快成为这个行业的优秀人才。

三、领导人要有付出精神，敢于担当。

四、领导人要知书达理，学识渊博，要成为能与老板研究事的人。

第四节　组织捆绑

一、组织捆绑

企业领导人是企业的核心，进入企业核心的领导人也一定有一技之长。不论领导人是有资金，还是有技能，都要在企业里独当一面。所以，领导人在企业里出任要职，要有职、有权、有担当。领导人之间，也就是企业各个部门之间，要和谐，团结一致，拧成一股绳，形成合力。领导人要努力、积极、主动地承担责任，各司其职，各尽其责，完善组织机构。

二、利益捆绑

1. 企业领导人大都是企业股东，如果是特聘的领导人，也要给一定的股份，让该领导人出资入股，成为企业真正的主人。

2. 企业领导人根据职务分工，要有月分红和年终大奖，让领导人的工作业绩与经济效益挂钩，实现利益捆绑。

3. 企业领导人要在每年的年终大会上进行述职宣誓，立军令状，有奖有罚，奖罚分明。

三、精神捆绑

1. 企业领导人任职时，要举行宣誓就职。在职期间要遵守承诺，履行诺言。

2. 结拜制。桃园三结义是结拜制的鼻祖，是古代结拜成功的典范。现代更有一个成功结拜的典范，比水浒一百单八将大结拜，更有过之而无不及。教育培训集团的一位总裁，招募企业家进行培训，会务营销收弟子，交学费三十万元人民币，可入门做弟子，实行拜师制，进行纵向捆绑，一日为师，终身为父，虽然交三十万学费，但是，都无怨无悔，收弟子三千，桃李满天下。弟子之间进行集体结拜，实行横向捆绑，成为总裁弟子，兄弟遍地，全国各地皆有，走到哪里都有兄弟。纵横捆绑，牢不可破，捆绑一生，创造了现代捆绑模式的楷模。

第五节　领导人的剔除

在企业中，领导人是一个群体，在企业弱小的时候，领导人可能就是老板一个人，企业做大之后，靠老板一个人是不行的，一个人的精力和智力是有限的，所以，大的企业领导人一定是个团体，是一个核心。在一个群体里的人，由于成长过程不同，学历、学识不同，性格不同等诸多因素，在处理和解决各种不同事务的方法和结果上也会不同。随着时间的推移和企业的发展，难免会产生不同意见，甚至会产生矛盾和分裂，以至于成为对立面。企业一旦出现这种情况，老板就要当机立断，做出决策，解决问题。

一、辞掉

明太祖朱元璋，在他登基之后，把跟随他十几年、出生入死打江山的兄弟、重臣都杀掉。我们是现代社会文明人，但是，做企业老板遇到离心离德的领导人时也绝不能心慈手软，要坚决辞掉。

二、收购

要辞掉占有股权的领导人，是很难办的一件事。所以先要高价收购他手中的股份，然后再撤销他的所有职务，最后再开除他。

三、架空

有一家企业，大老板因病退职，把企业交给了他儿子少老板，少老板是一位德才兼备的青年人，但是，他父亲不放心儿子，怕他年轻，管理不好这个企业，就让他最得力的助理来帮助少老板管理企业。这个助理在工作中兢兢业业，事必躬亲。一两年过去了，少老板总感觉自己的理想、抱负不能实现，什么事情都要经过老助理同意，虽然，经济效益很好，但是，还是感觉不舒服。有一天，少老板让人抬来一尊与人体一样大小的雕像，摆放在办公楼的大厅里，栩栩如生的雕像，大家一看就知道是老助理。少老板召集全体员工开会，少老板说："我们公司有一位德高望重的老前辈，他对工作呕心沥血，对企业鞠躬尽瘁，是因为有了这位老前辈，才使我们公司有今天的兴旺发达，这位老前辈不仅值得我们尊敬，更是我们公司的宝贵财富。今后我们每天上班签到后，都要给老前辈雕像鞠一躬，以示尊敬。既是我们的财富，我们就不能让老前辈再辛辛苦苦地工作了，今后就让老前辈指导、监督、检查我们的工作就可以了，我们要让老前辈安心、愉快、健康地工作，少操心、操劳，保证身体好。从现在做起，从我做起，我要给老前辈鞠一躬。今后，我们每人每天上班，都要先给老前辈鞠一躬。"从此，老前辈备受人尊敬，但是，老前辈也从此沉默寡言了，深居简出。不久，老前辈退养回家了，少老板还召开了一个隆重的欢送会。

本章重点：

1. 企业核心。企业一定要建立核心领导人团队，领导企业生产经营，领导企业发展壮大。企业核心质量好，企业就会有凝聚力，企业就会健康发展。企业核心质量不好，企业整体就会松散，企业就会衰败。

2. 企业核心领导人来源的几个方面。

3. 进入企业核心领导人团队的标准。

4. 老板与企业领导人之间的关系，一定要牢不可破。和气生财，兄弟齐心，其利断金。唯有坚强的领导核心，企业才能蓬勃发展。

第三章　组织机构

第一节　组织机构

什么是组织机构？是把人力、物力和智力等按一定的形势和结构，为了实现共同的目标、任务和利益而有秩序、有成效地组织起来开展活动的社会单位。军队的军、师、旅、团、营等编制，就是军队的组织机构。国家的省、市、县等行政级别，就是国家的组织机构。组织机构，是企业经营管理系统的格局与精准定位，是企业领导组织系统，是企业信息系统，是企业生产、经营合理分配系统。所以，组织机构在企业中非常重要。

现在很多企业单位，组织机构不健全、不

清晰、不明确，使企业组织纪律涣散，影响执行力，影响企业发展。所以，我们每一位老板，都要重视组织机构的建立与完善，做好组织机构的建立健全工作，保障企业有序发展。

第二节　组织机构意义

参观过很多企业单位，多数没有组织机构图，企业文化也不完善，没有完整的、系统的企业文化展示。做企业的老板一定要建立组织机构，制作组织机构图，而且还要公开、上墙，公示给大家，因为组织机构图很重要。

一、组织机构图是企业经营管理的蓝图，是领导人战略决策的沙盘。

二、组织机构图能展示老板的目标与格局。

三、组织机构图使企业战略定位清晰，组织结构合理，不紊乱，不臃肿。

四、组织机构图一目了然，能展示出企业的现状与发展愿景，使企业目标明确，方向清晰。

五、组织机构图能明确岗位责任，职责清晰，使干部与员工能确定自己的位置，清晰晋升路径。

第三节 组织机构图的绘制

一、最高领导层：董事会、董事长。

二、总经理、副总经理。

三、财务总监、市场总监、生产总监。

四、财务部、市场部、生产部、行政部。

五、各个科室、生产车间。

六、隶属各个部门的班组，确定各个部门员工的定岗、定员。

七、各个岗位工人、员工。

第四节 建立组织机构

组织机构就在我们身边，让我们熟悉而陌生，让我们经历而不懂。刚上小学的时候，老师就任命出班长、副班长、学习委员、文艺委员、体育委员等班级干部。老师还根据学生在教室里的座位分出各个小组，任命出各个小组组长。老师还会把这些班级干部的名字、职务做成图板贴在班级的墙上。这就是我们最初接触到的小学班级的组织机构，贴在墙上的就是组织机构图。这个组织机构是老师做的，老师在我们刚入校门的时候，就以实例教育我们建立组织机构。不论我们上初中、上高中，还是上大学，组织机构陪伴我们成长。

我们参加工作进公司，公司书记、经理，是我们工作的这家公司组织机构的最高领导层。当我们分配到各科室工作时，科室就是这家公司组织机构的中层机构。公司书记、经理，就是这家公司组织机构的高层领导。各科室科长，就是这家公司组织机构的中层领导。各科室工作人员，就是组织机构的基层员工。我们家居生活也在组织机构里，在城市里，要分出区域、街道，多少委，多少组，门牌多少号；在农村里，也有乡、村、屯。其实，我们每个人都生活、工作在各种不同的组织机构里，时刻都没有脱离过，组织机构就在我们身边，陪伴我们一生。

企业老板如何建立自己公司的组织机构？组织机构不能千篇一律，要根据企业性质、规模、发展现状等实际情况，以及企业发展规划来确定组织机构的配置，要科学地研究、设计企业的组织机构，达到科学、实际、合理的目的。

一、领导层

企业的领导核心，决定着企业的兴衰存亡，所以，老板在组建领导层的时候，是特别慎重的。老板组建领导班子，组对了，企业会顺利发展。老板组建领导班子，组错了，贻害无穷，事事不顺，反对者还会美其名曰，是在给老板把关，是为老板好。在枪林弹雨面前，老板喊冲锋，你是拽住老板说："不能冲啊，冲出去会被打死的。"你还是冲在老板前面，英勇杀敌，争取胜利呢？两种不同行为，哪种好，不言而喻。所以，企业能不能顺利发展，老板组建班子至关重要。在组织机构里领导层是至高无上的，有了领导层，才有下设机构。领导层人数少，越精炼越好，一般的企业都是三五个人组成领导核心，构成领导层。

二、中层机构配置

根据企业生产经营的需要，设置中层管理机构。老板在设计设置中层机构的时候，要掌握三个原则：第一，根据需要设置，不能设闲置机构。能兼顾的，不设重叠机构。第二，每个机构要有专业人员管理，人尽其才，物尽其用，不浪费人才，不浪费资源。按精兵简政的原则，机构越精简越好，人员越精炼越好。第三，设计好组织机构的领导关系，精准定位，条线清晰，不能紊乱。设计好各机构横向联系，互相搞好协作，紧密配合，团结互助，合作共赢。

三、员工层

组织机构的下层是员工层、执行层，老板

要根据企业需要招聘人员，但绝不能韩信用兵，多多益善，用人是有成本的，企业是讲效益的。安排人员，能 7 个人干的工作，绝不招第 8 个人，杜绝人浮于事，杜绝铺张浪费，合理开支，合理用人，做好定岗定员。

第五节　组织机构案例

天龙酒业公司组织机构：

百人小厂的产、供、销一体化经营体系。

一、企业最高层：董事会、董事长。

二、领导核心层：总经理、财务总监、市场总监、技术总监。

三、中层机构

1. 财务部：财务总监兼经理，设会计、出纳、统计三人。

2. 市场部：市场总监兼经理，设两个助理，管理市场一部、市场二部。

（1）市场一部下设：山东销售区域，一名经理五名业务员。河南销售区域，一名经理，三名业务员。内蒙古销售区域，一名经理，两名业务员。

（2）市场二部：黑龙江销售区域，一名经理，七名业务员。

3. 生产部：技术总监兼经理，设两名助理，分别管理生产车间、灌装车间。

（1）生产车间：车间经理一名，一班长一人，下设生产工人9人；二班长一人，下设生产工人9人；三班长一人，下设生产工人9人。

（2）灌装车间：车间经理一人，班长一人，下设灌装工人12人。

（3）化验室：2人。

4. 后勤部：经理一人，员工9人。

5. 人事宣传培训部：经理一人，员工3人。

6. 研发部：经理一人，研发顾问7人。

本章重点：

1. 什么是组织机构？组织机构的意义是什么？

2. 如何建立组织机构？

第四章　企业文化

第一节　使　命

什么是使命？使命就是交给你的任务，你一定要完成。做企业，就是做项目，不论选择什么项目，都要全心全意、全力以赴做好，努力去为之奋斗，尽职尽责，因为，这就是老板的使命。

共产党员的使命是为共产主义事业奋斗终生。

军人的使命是保家卫国。

医生的使命是救死扶伤。

各个企业有各个企业的使命，老板要有使命感，要承担企业的使命。青冈天龙酒业有限公司的使命是；传承酿造酒工艺，传播酿造酒文化，发展酿造酒事业。

第二节　价值观

价值观是企业文化的核心，各企业老板要注重企业形象，提升企业文化，铸就企业品牌，就要精准提炼出具有自己企业特质的价值观。

中国社会主义价值观是：富强、民主、文明、和谐、自由、平等、公正、法治、爱国、敬业、诚信、友善。

我们每个企业都应该有自己的价值观，青冈天龙酒业有限公司的价值观是：爱国、诚信、爱岗、感恩。

一、爱国

国家兴亡，匹夫有责，我们每个人首先要爱国，热爱社会主义，才能融入社会，奉献社会，奉公守法，做有功德、正义、善良的国家公民。只有爱国，才能爱家、爱企业。

二、诚信

天龙酒业公司讲诚信，专做纯粮酿造酒，100%是原酒，不用酒精勾兑，对客户以诚相待。产品供不应求时，也要保证质量，不弄虚作假。

三、爱岗

企业老板与员工，都要爱岗、敬业，干一行，爱一行，每时每刻都要认真工作，努力拼搏，厂兴我荣，厂衰我耻，我与企业荣辱与共。

四、感恩

常怀感恩之心，感谢支持、帮助过我们的人，感谢鞭策、激励过我们的人，更感谢一路与我们同行的人。

第三节　理　念

什么是理念？理念就是一种思想，是指人

类以自己的语言形式来诠释现象——事与物时，所归纳或总结的思想、观念、概念与法则。例如；人生理念、营销理念、服务理念、团结理念，发展理念。

国家九大发展理念：

1. 发展全民健身；

2. 全民节约；

3. 保护环境；

4. 教育要从娃娃抓起；

5. 团结友爱；

6. 同心同德；

7. 大力发展高新科技；

8. 积极发展自主创新产业；

9. 坚决抵制分裂，维护民族统一。

企业理念就是企业的主导思想，所以每个企业都要有自己企业的理念，并且要经常强调，贯彻到每个员工的思想当中。理念要精练，不能过多，多则杂，多则乱。一般规模的企业做出四个主导理念即可。

青冈天龙酒业有限公司的理念是：团结的

理念、认真的理念、服务的理念、发展的理念。

第四节　愿　景

愿景就是远景规划。我们每个企业老板，在创业之初，都应该做出愿景规划，然后按照规划一步一步地发展。

愿景规划有三年的短期规划，有五年的中期规划，还要有十年的长期规划。愿景规划就是企业发展方向，一个企业没有发展方向，东扎一头，西扎一头，就会迷失方向，不但不会有大的发展，还有可能惨遭失败。有一些国营企业，几年就换领导，甚至一年一换领导。换一个领导，就换一种思想，换一个方向，没有一个长期的愿景规划，也就无法实现长期规划。民营企业没有换老板的弊端，但是，也有很多企业没有愿景规划，因为，这些企业老板还不成熟，企业经营管理还不正规，还在摸着石头过河，亦步亦趋地往前走，没有自己的主张，跟在别人后面，始终是落后者。所以，企业老板要明确自己要什么，向着自己确定的目标，设计好规划，一路前行，勇往直前，才能实现你的理想，达成你的目标。

第五节　产　品

产品是企业标志。

产品是企业命脉。

产品是企业文化。

不同的企业，有不同的产品。金融企业的产品，就是钱。种植业的产品，就是粮食，生产出更多、更好的粮食。养殖业的产品，就是猪、牛、羊等。餐饮业的产品，就是菜品。宾馆业的产品，就是房间设施与服务。

如何在产品上体现企业文化，是企业老板的战略思想与格局。泸州老窖酒覆盖中国白酒市场无死角，不论城市乡村，不论市场商超，到处都有泸州老窖系列酒，市场销量无法估量，可能几千个亿。泸州老窖系列品牌也无法统计，可能几千个品。泸州老窖公司出产多少个品，也就几十个品，年销售总量也不过百亿，那么那些营销量是哪里来的呢？是全国各地的白酒营销企业做的贴牌，因为，这些老板是为了赚钱，他们追求的是经济利益，借助品牌的力量，赚自己的钱。天龙酒业公司做自己的产品天仓海酒。采天地之精华，汇江河海之水，用天下之粮仓，酿天仓海之酒。公司的使命是传承酿造酒工艺，传播酿造酒文化，发展酿造酒事业。公司的主张是用100%的原酒灌装，不用酒精勾兑。为人民身体健康负责，让白酒爱好者喝到纯粮酿造酒，做自己的品牌——天仓海酒。

第六节　注册商标

注册商标是企业文化，也是有价值的知识产权。注册商标是企业与产品的品牌标识，有文字的，也有图案的，它代表着企业与商品，看到商标就知道是什么企业、什么产品。我们老板一定要重视自己企业的注册商标，保护自己的知识产权。哈尔滨正阳河酱油，百年老品牌，非常畅销。因为是国企，领导人不重视知识产权，商标到期没有及时续注，结果让一个自然人把"正阳河"给注册上了。后期，商标持有人一纸诉状把国企正阳河告上法庭，国企正阳河以败诉告终。为了能继续使用老品牌正阳河，国企正阳河付出了巨大的经济损失。所以老板一定要重视注册商标，因为它不仅是企业的品牌与文化，还有经济价值。

国酒茅台，畅销百年，享誉中外。山东一家酒企，想攀高枝，傍品牌，借力打力，去茅台集团谈合作，想要兑接一家茅台集团的子子公司，条件是可以使用这家子子公司的企业名称，重新启用一个商品名称，前面可以冠名茅台，但被告之除了要接受监管外，还有授权使用费要一次性交一千万。由此可见品牌的价值。无独有偶，黑龙江也有一家酒企，跑到泸州，花巨资创建一家酒业公司，其目的就是让他们企业的酒能穿上泸州的外衣，因为泸州是酒界的地理性标志，只要冠名泸州，什么样的酒都好卖，还真见奇效，他们企业虽然名不见经传，但是，销量不菲。

第七节　企业特色

企业特色有很多种，有产品特色，有装饰特色，有经营特色等等。全国连锁七天宾馆，以黄色为主题，黄色就是七天宾馆的特色，在城市楼群中，看到黄色楼体，就知道是七天宾馆。中国邮政是以绿色为主题，服装是绿色的，招牌是绿色的，远远看到绿牌子，就知道是中国邮政。茅台酒瓶，虽然很普通，但是茅台酒瓶百年不变，时间铸就产品特色，特色就是品牌，特色就是企业象征。

本章重点：

1. 使命：企业老板要有使命感，为完成使命奋斗不息。

2. 价值观：价值观是企业文化的核心，老板要精准提炼出自己企业的价值观。

3. 理念：理念是指人类以自己的语言形式

来诠释现象——事与物时，所归纳或总结的思想、观念、概念与法则。理念是企业的主导思想，所以，企业要有自己企业的理念。

4. 产品：产品是企业标志，产品是企业命脉，产品是企业文化的外在表现。企业一定要做好自己的产品。

5. 注册商标：注册商标不仅是品牌标识，而且是有价值的知识产权。

第五章 企业制度

第一节 企业制度的意义

企业制度就是企业的规范，企业运行不能只靠人来管理，一定要靠制度管理。中国这么大，靠什么来治理国家？靠的是各行各业的规范。国家有大法，大法就是宪法。各行业有各行业的法规，民政有婚姻法，道路有交通法，治安有刑法，自然环境有环保法。国家靠法律来治理，企业也要靠制度来管理。

制度是什么，制度是标准，制度是行为准则。

民营企业在最初创业阶段，企业各种规章制度都不健全，有的小企业根本就没有规章制度。那么，他们靠什么管理企业呢？他们靠人。因为他们在创业的时候，资金少，企业规模小，工资待遇也不高，技术人员、专业人士都不愿意来这里工作，他们只好找亲戚朋友来帮忙，所以，他们就靠亲情来管理，靠人与人的关系管理企业，虽然不科学，不规范，但是，很实用，很合情理，他们大都是这样走过来的。当企业发展壮大了，老板就要开始一步一步地做企业管理规划，做企业管理制度。

第二节　领导工作制度

在企业里，领导人工作也要有制度，包括企业老板。正所谓上梁不正下梁歪，领导人更要以身作则，树正气、立新风要从领导人做起。在企业里领导人的言行、举止、作风，就是企业的榜样、企业的代表，一个企业的风气就取决于企业领导人。所以，正人先正己，领导人的工作制度，要放在企业制度的第一位。具体的工作制度，要根据企业的性质和具体的条件、环境来制定。

第三节　财务管理制度

一、财务人员工作制度

1. 不许迟到，不许早退，不许无故旷工。

2. 财务工作人员上班要着正装，仪容仪表要文明端庄，不许化浓妆。

3. 工作时间不许聊天，不许大声喧哗。

4. 当日事，当日毕。财务票据要日清月结。

5. 财务票据要装订规整，妥善保管，不许丢失毁损。

6. 财务数据不许外泄，遵守财务保密制度。

二、财务收入管理制度

1. 财务收入票据要有当事人、经手人签字。

2. 财务收入要分清类别，清晰、准确、及时下账，明细账与总账要核对无误。

3. 按时、准确做好财务日报表、月报表。

三、财务支出管理制度

1. 财务支出要有计划，每月按计划支出，支出时要由老板批准。

2. 财务支出票据要有领导人、主管、经手人三人签字。

3. 及时、准确做好财务支出日报表、月报表。

四、现金管理制度

1. 出纳流动现金不许超过 1000 元。

2. 大额现金的收支存储要有保安人员保护，现金往来要两人以上经手。

3. 出纳要及时、准确记录现金账。

4. 现金与票据、账目要核对准确，日清日结。

5. 现金收支手续齐全，大额的现金使用，要由老板和财务主管批准签字。

6. 出纳员库存借据不许超过规定的数量和时间。

五、账目检查制度

1. 月初制订财务收支计划。

2. 月末按财务计划进行内部自查。

3. 每个月月末，由监察部负责进行一次财务票据、账目审查。

第四节　安全保卫制度

企业初创时期，安全保卫工作都比较好做。当企业发展到一定规模的时候，安全保卫工作尤为重要。火烧当日穷，防火消防制度就是第一位的。防偷盗，防内盗，保安、更夫、门卫，值班、值宿等都要建立相应的安全保卫制度，以确保企业安全生产，企业财产不受损失。

在企业正常经营过程中，根据各企业情况不同，还有很多制度需要完善、落实，如岗位责任制度、工资奖励制度、产品管理制度、生产责任制度等等。

第五节　制度的执行与监管

企业的规章制度都比较好制定，难的是执行、落实，更难的是坚持，持之以恒。企业一定要设置监察机构，监察部门就是企业制度的监管机构。企业制度健全之后，监察就是企业制度的捍卫者，监管到位，企业制度才能执行到位，企业制度管理才能完善，企业才能更好地发展。

老板凡事都亲力亲为，管理的效果不一定好，还有可能引起员工的反感，事与愿违。所以，企业运营一定要制度健全，按章办事，用制度来管理企业。

本章重点：

1. 建立企业制度的意义：企业制度就是企业的法规，是企业标准，是企业各种行为规范的准则。企业要发展壮大，不能靠人来管理，一定要用企业制度来规范、管理企业，企业才能健康发展。

2. 领导工作制度：领导人是企业的榜样，领导人是企业的代表，领导人的工作作风，就是企业的工作作风，所以，领导人工作制度，是企业的重要工作制度。

3. 制度监察：企业制度建立健全之后，能不能正常执行？能不能坚持经常？就靠监察。企业有制度，有监察，企业管理才能完善，没有监察，企业制度就形同虚设，所以，企业发展壮大之后，一定要设立监察机构，监督、监管、保障企业正常运行。

中篇　商事道场

第六章　人员招聘

第一节　招人难

做企业首先遇到的大问题是什么？是资金吗？不是。因为有的是老板已经完成了资本积累，才去做企业。有的是老板解决了资金问题，才去做公司。还有的是从个体经营提升做企业的。所以，资金不是做企业首先遇到的、普遍的大问题。做企业首先遇到的普遍的大问题是人才问题，是招聘人员。招聘工人，招聘业务员，招聘行政人员。招聘人员非常难，招来了，干不长，又走了，还得招，反反复复，没完没了。就小企业而言，招聘问题一直困扰着企业。这里面有企业方面的原因，也有就业人员方面的问题。

就业人员方面的问题比较多：

一、人员素质底，普遍文化程度不高。

二、责任心差。

三、忠诚度少。

四、过高估计自己，言过其实，言不由衷，说的多做的少。

五、想少干活，嫌脏怕累，还想多挣钱。

六、说来就来，说走就走，全不顾企业状况，没有责任感，更没有担当。

七、我行我素，负能量大。

八、愿意在大企业干，不愿意在小企业干。

企业方面也有很多因素：

一、工资待遇低，工资无保障。

二、工作环境不好，工作不长久，有活就招，无活就辞。

三、企业制度不完善。

四、赏罚不明，处事不公。

五、企业不能任人唯贤，用人不当，亲朋当权。

小企业在招聘人员方面问题严重，招人难。

第二节　识人难

招人首先要识人，怎么识人？古时候有麻衣相术，看相识人，准确率很高，所以，一直传袭到现在，现在各城市的角落、景区的路旁还能看到相面算命的，各地的新华书店里关于看相算命的书籍也很多。麻衣相术是不是科学，我们姑且不去讨论，我们做企业也要学习一点识人的常识。画人画虎难画骨，识人识面不识心。识人术自古就被人们所推崇，多少人都在研究它，曾国藩可算是识人、用人的高手。一天，李鸿章带了三个人才去拜访曾国藩，不巧的是，曾国藩出门了不在府上，李鸿章便效仿"程门立雪"的故事，让这三个人在门口等着。曾国藩回府时，看到大门口站着三个人，他左看看，右看看，中间看看，然后什么都没有说就进屋了。在屋里的李鸿章问曾国藩："外面的人是我带来的，怎么样，能用吗？"曾国藩说：

"左侧之人可用，但只可小用；右侧之人万万不可用；中间之人可用，且可大用。"李鸿章不解，问："为什么?"曾国藩说："左边的人，我看他一眼，他也看我一眼，我再看他一眼，他就低下头不敢看我了，说明他心地比较善良，但气魄不够强大，所以可以任用，不可大用。右边那个人，我看他时，他不敢看我，我不看他时，他却偷偷地看我，很明显这个人心藏狡黠，所以万万不能采用。中间这个人，我看他一眼，他也看我一眼，我盯着他良久，他也不卑不亢地一直看着我，说明这个人心胸坦荡，气魄宽广，可以给他高职。"此时李鸿章恍然大悟，并遵照曾国藩说的，任用了中间那个人。这个人后来成为淮军著名将领，台湾第一巡抚，他就是刘铭传。

20世纪80年代，国外有一个学科叫《九型人格》，曾风靡世界。近时期，国人也热衷于此道，推崇备至。我们企业老板不用专精此道，只需要掌握一些这方面的知识，对我们企业用人有利无害。因为，识人很重要，现实社会很复杂，有很多假、大、空，我们招来这种人，不但会浪费时间耽误事，还会造成经济损失和不良影响。企业老板学习一些识人知识，还是有益的。同时，我们还要在与人交往的实践中去摸索、去探讨。看眼神、看表情、看神态、看举止，听言谈，达到看人识人，提高老板驾驭人、领导人的能力。所以，识人很重要，老板一定要学会一些识人知识，提高这方面的能力。

第三节　用人难

企业招聘人员的目的就是要用人，老板如何正确使用人，才是企业发展的大事。人无完人，人有很多短板，但是，每个人都有一定的优点。没有没用的人，只有放错地方的钻石，人尽其才，物尽其用。老板一定要学会用人、用人才。

楚汉相争，刘邦得张良、韩信而得天下。项羽失范增，而乌江自刎。

三国刘备，三顾茅庐，请出诸葛亮，而占三分天下，得蜀国江山。

人才不但在历史上起重要作用，人才在经济时代企业发展中也至关重要。企业经营管理也是以人为本，人用好了，企业就会顺利发展，人用不好，企业就会衰落。正确的方向、路线确定之后，人才就是企业发展的决定因素。

第四节　企业招聘人员的几种方法

一、餐饮业的招聘模式

中小型酒店，一般有几十位服务员，而且，大多都是本地人，从中筛选几位优秀服务员，例如，六位，让入选优秀的服务员每人招来一位实习服务员，把招聘难的问题分摊给 6 位优秀服务员。一个优秀的服务员招聘来一位实习服务员是完全可能的，而且，他们入选优秀服务员，让他们带实习生，他们还会有优胜感、自豪感、责任感，他们会以积极的工作态度来对待这项工作。让他们采用一对一的方式，用言传身教、认真负责的态度，进行单独培训，一定会事半功倍。优秀服务员的月基础工资假如是3000元，实习生的月工资只是实习生的工资标准，而实际上实习生的工作量是不会少的，往往还会替老师多干活。老板要给优秀服务员每月发300元至600元不等的奖金，让优秀服务员培训他招聘来的实习生，这个奖金不是老板出的，而是在实习生工资里面出的，而且，受益的还是老板。培训期可以是三个月，也可以是六个月，完全可以把一个实习生培养成为一个合格的、优秀的服务员。老板要把这项工作作为企业制度贯彻到底。在人员充足的情况下，要进行比赛、PK、竞争上岗，进而达到优胜劣汰的效果，使企业充满生机，再不受招聘难题的困扰。

二、业务人员的招聘模式

销售团队的优秀业务员，一定要给团队招聘一个实习生，并且负责把实习生培养成为一个合格的业务员。这是一项硬性指标，要贯彻到底。做得好的业务员要给奖励，做得不好的业务员要有惩罚。这样，就把招聘难的问题解决了，这也就是团队的力量，有困难，大家扛。这个团队就会源源不断地有新人加入，始终注入新鲜血液，就会生生不息，充满活力。

三、重要人才的招聘

1. 企业自己培养

企业用人是分阶段的，刚开始创业的小微企业，规模小，用人少，可能是夫妻店，不可能招聘一位经营专家来给你管理，企业只能找几位亲朋好友来帮忙，维持生意。

小微企业经过初创期，发展成为小企业的时候，可以聘请一些专业人才。但是，由于资金不足，物力不足，产量小，规模小，效益少，支付不了过高的工资福利待遇，人才捉襟见肘，不够用，不能更好地发挥作用，工作效率自然不好，企业发展缓慢。而小企业在缓慢的发展过程中，自然而然地自己培养了人才。企业自己培养的人才，既忠诚，又可靠，而且省钱。

2. 企业吸纳人才

企业发展壮大后，有了一定的规模，进入中型企业行列，需要的人员多，需要的人才多，招聘工作依然很重要。这个阶段的企业就会设置人事部，从招聘到培训，都有一套管理制度，有专业人员和专职部门来完成。同时，企业规模壮大了，也会吸引来很多人才。雪中送炭的人不多，锦上添花的人会很多。

3. 企业挖人才

企业发展壮大后，根据需要会定项、定人，有计划地去挖人才，因为，这时的企业需要更好的人才，需要更高级的专家来给企业添砖加瓦。因为这时的企业有实力、有影响，有能力挖更好的人才。一家培训企业老板，看中另外一家培训公司的女讲师，想把她挖过来，就开始制订计划，查找信息。有一天，女讲师要准备过生日，突然接到电话，有一家培训公司老板来访，虽然不熟识，但是，都是培训公司界的，倒也听说过，既然来访，怎好拒绝。见面后，老板客气道："不好意思，冒昧打扰。听说你要过生日了，特意送你个小礼物，不成敬意，希望笑纳。"两个人坐下来喝一会儿茶，闲聊几句，老板就告辞走了。女讲师送走老板，回头看看礼物，原来是一只金色招财猫，很可爱，很好玩。但是，老板没有说出来意，女讲师还是有点莫名其妙。几天后，女讲师逛商场，顺便也想看看那个招财猫是什么价值，不看不知道，一看吓一跳，价值12万元人民币，女讲师有点蒙了。又过好多天，终于接到了老板电话。其实，这些天女讲师一直都在等老板电话，可就是没有电话，现在，终于等到了，赶紧说感谢的话。老板说："那个小礼物不算什么，你喜欢就好。我现在4S店，看好了一款车，手续我都办好了，你现在过来把车提回去吧。"女讲师赶到4S店时，老板已经走了，一位经理在等她，把车钥匙和手续交给了女讲师。女讲师一看车，哇，红色路虎，是她梦寐以求的一款车。女讲师明白了，什么也没说，辞掉原工作，去老板公司上班了。

本章重点：

1. 企业为什么会出现招人难的问题？

2. 老板应该学习一些看人、识人的知识。

3. 老板要学习如何用人，人尽其才，才能够留住人才。

4. 老板通过学习几种招聘人员的方法，举一反三，解决企业招聘人员困难的问题。

第七章　教育培训

第一节　教育培训的意义

企业教育培训是一个重要的环节，有规模的企业设有教育培训部，进行专业的、系统的培训。中小企业教育培训与人事、宣传、策划在一个部门。小企业没有专业的教育培训机构，但是，也有阶段性的、临时的、小型的或一对一的培训。

培训好比打气筒，企业就是一个筒，员工好比气体，教育培训就是一个加力的过程。企业把员工吸引进来，通过不断的教育培训，就会产生强大的生产力，就会产生经济效益。由此可见，教育培训在企业中的意义与作用。

教育培训是针对人的，那么，就要研究人的负面个性。人有什么负面个性？

一、懒惰。拈轻怕重，少干活，还想多赚钱。不遵守纪律，思想落后，负能量大。

二、贪性。贪心、贪念，占便宜。

三、惧怕。贪生怕死，怕苦怕累，怕得罪人。

四、攀比。比吃比穿比富贵，比你比他比工作，站在这山望那山。

五、虚荣。虚荣心强，死要面子活受罪。

六、自私。自私自利。

要针对人的负个性，制订有针对性的教育培训方案，有的放矢。在过去工农革命时期，红军的来源，大多是农民，苦大出身，不识字，多数在山区，没有见过世面，什么都不懂。怎么样才能成为红军战士、能打胜仗？靠的就是教育培训。打土豪，分田地，成立农会，办识字班，都是农民最需要的。共产党的军队，把支部设在连上，设指导员。指导员是干什么的？就是做思想工作的，就是搞教育培训工作的。

国民党军队里没做教育培训，他们的战斗力就不强。最终，就是这些农民武装，战胜了强大的国民党军队，建立了新中国。

现在的企业培训，都有国学课程。因为，国学是中国的传统文化教育，有传承，有激励。有道德品质培训，有忠诚度培训等等。

培训的作用就是开发人的正能量，激发人的斗志，挖掘人的潜能，让人人都能努力去工作。人需要什么？人需要美好的生活，需要钱，那就给他一个目标，让他去努力奋斗，达成目标，解决钱的问题，过上美好的生活。人还需要受人尊敬，想要有权力，想要当官。那就给他一个渠道，让他有责任，敢担当，让他去实现梦想。只有教育，才能让人有梦想，只有培训，才能让人有能力。所以，只有教育培训才能让企业有活力，增强企业生产力，从而才能产生更大的经济效益。

第二节　企业制度培训

国有国法，家有家规，企业有制度，没有规矩，不成方圆。企业制度就是规范企业员工行为准则的标准，就是企业的规范。新员工进企业工作的第一项工作，就是学习企业制度，接受企业的制度培训。

新兵入伍要进行新兵训练，学生入学也要进行训练，新员工进入企业参加工作，更应该进行训练。企业制度就是打气筒的筒管，是管制、约束员工的铁的纪律，不能疏漏，如有疏漏就会跑气，就不会产生动力，再怎么努力做工，都不会有好的效益。

企业制度根据企业的不同性质、企业的不同规模而有所不同。企业制度包括企业行为规范、财务管理制度、员工岗位责任制度、企业安全制度等等。各企业根据自己企业实际情况来制定各项管理制度。

很多企业都建立健全了企业制度，向全体

员工贯彻传达，而且还张贴在墙上，印制成文件，下发到各个部门。可是，在实际执行当中，却不尽如人意。什么原因？首先是企业制度培训做得不好，员工没有接受企业制度，员工没有融入企业。再是因为监管、检查、落实不到位。所以，只有企业制度还远远不够，一定要培训员工接受制度、遵守制度。还要设立监管机构，要照章办事，严格执法，不徇私枉法，要坚持住，贯彻到底。

第三节　技能培训

员工技能的培训是一个长期而复杂的过程，各个行业有各个行业的特性。餐饮业培训一个优秀服务员比较容易，要培养一个厨师就不那么容易了，要造就一个高级厨师就更难了。

商业行业培训一个店员，比较容易，要培养一个销售高手就不那么容易了。

生产企业工作技能的培训，更要复杂一些。酒业公司灌装人员培训是比较容易的，按照工作流程进行培训，只要认真工作，能完成任务，就是一个合格工人。烧酒工人的培训就不那么简单了，技术性、自觉性、责任心都要求很高，所以，烧酒行业有一句话，说烧酒工人是好人不愿干，赖人干不了。

企业工作技能的培训，是企业一个长期而艰巨的工作，需要一直贯彻在企业经营管理的始终。

第四节　思想培训

最复杂的就是人的思想，企业培训最难的，就是思想教育培训。大型企业员工成千上万，如何能让员工思想一致，万众一心，心向企业，努力工作，与企业同心同德，荣辱与共，那就是培训。

企业在初创时期，很容易忽视教育培训，导致出现员工工作不长久、没有责任感、工作积极性不高等弊端。教育培训要从创业开始，不要等到企业发展壮大时再开始重视教育培训。

一个发展迅速、生机勃勃的企业，靠的是教育培训做得好。一个人的潜能，无法预估，如果教育培训做得好，就能激发出其最大的潜能，创造出最大的工作效益。如果能激发出一个团队的潜能，就有可能创造出无限可能。所以，思想教育培训，应该长期伴随企业发展，而不是一个时期。小微企业的思想教育培训应该从以下三个方面入手：

一、请进来。小微企业由于财力、物力、人力的不足，很难设置专业的教育培训机构，进行长期的教育培训。但是，企业也要做出教育培训规划，最少每个月要进行一次教育培训，届时可以请专业教育培训机构老师进企业，对员工进行教育培训。社会上有很多专业培训机构的老师，给企业做专业的企业内训。企业需要做哪方面的培训，就请哪方面的专业培训老师。所以，企业不一定要有职业培训老师，临时请就可以，既省钱、省事，还专业。

二、走出去。各地教育培训机构特别多，经常举办各种、各方面的教育培训，费用还不多。企业应该经常组织各个部门的相关人员出去学习。在打破故步自封的同时，既接受了外界新鲜事物，又掌握了时代信息。

三、做内训。企业在发展过程中，都要从小到大，而且要全面发展。企业教育培训也一样，要从无到有，从小到大。企业内部自己做教育培训，可先尝试做内容简短、时间短的培训，做几期之后，再逐渐增加内容，增加时间。慢慢地成熟起来了，就会有企业自己的教育培训。

企业一定要有教育培训，企业成长，企业发展，都离不开教育培训，让教育培训做企业发展的使者，让教育培训为企业发展保驾护航。

本章重点：

1. 教育培训的意义：教育培训好比打气筒，企业就是一个筒，员工好比是气体，教育培训就是一个加力的过程。企业把员工吸引进来，通过不断的教育培训，就会产生强大的生产力，就会产生经济效益。只有教育，才能让人有梦想；只有培训，才能让人有能力。所以，只有教育培训，才能让企业生机勃勃，蓬勃发展。

2. 企业制度培训：近朱者赤，近墨者黑。新员工进入企业，一定要进行企业制度培训，让新员工了解企业、适应企业、融入企业。

3. 技能培训：企业只有不断地进行技术培训，才能提高员工的技术能力，才能提高企业生产力。

4. 思想培训：企业只有做好员工的思想培训工作，才能上下一致、万众一心，企业才能有凝聚力、战斗力。

第八章　工作流程

第一节　工作流程的作用

为什么要做工作流程？在企业里，员工工作往往不能满负荷，因为员工的思想觉悟不高，责任心不强，自觉性差。做工作流程就是要让员工在工作时间内，发挥出最大的工作效能。一个员工在企业工作一天，能创造出多大价值？例如，员工一天工作八个小时，所得剩余价值是120元，也就是说他一天赚120元工资，每个小时是15元。可是，他应该创造出多少价值呢？企业给他提供厂房、场地等工作空间、环境，企业还要给他提供机械设备、工具、原材料等，还有相关人员的服务，完成产品转化为货币的过程，企业还要承担水、电、税收等费用。企业付出这么多，是不是也要赚钱呢？员工一天赚120元，企业也应该赚120元，再加上其他成本、费用，这样计算下来一个员工一天要创造出五倍于他工资的600元的价值，他才能赚到120元他自己的工资，这才是他应该得到的剩余价值。可是，员工才不管这些呢，员工不会为企业着想，他只要来公司一天，不管干好干坏，哪怕没有创造价值，他也要他一天的工资。因此，我们要让员工干好干满一天的工作，让他创造出他应该创造的劳动价值，这就要安排好他一天的工作，所以，我们一定要做好工作流程。

第二节　工作流程的制作

企业的行业不同，工作性质就不同，企业的工作流程也不能千篇一律。就是在同一个企业里工作岗位不同，工作流程也不能一样。企业里有多少个工种岗位，就要制定多少个工作流程。什么是工作流程？就是按时间顺序，把工作任务按步骤，进行有序的完成。或按工作任务科学地安排一天的工作量。

一、工业企业

工业企业机械化程度高，一般都是流水作业，员工工作大都为计时工作或计件工作。月有工作计划，日有工作任务，只要完成工作任务，才能拿到你所应得的工资报酬。所以，工业企业的工作流程比较简单，比较好做，仅做目标管理或任务管理流程即可。

天龙酒业灌装工人工作流程：

1. 早上8点上班，签到。

2. 8点到8点20分，班组晨会。

3. 8点20分到8点30分，准备工作，清检工作场所。

4. 8点30分到10点，开机灌装工作。

5. 10点到10点15分，停机休息。

6. 10点15分到11点45分，开机灌装工作。

7. 11 点 45 分到 12 点 25 分，停机休息，午餐。

8. 12 点 25 分到 14 点 25 分，开机灌装工作。

9. 14 点 25 分到 14 点 40 分，停机休息。

10. 14 点 40 分到 16 点 40 分，开机灌装工作。

11. 16 点 40 分到 17 点，产品入库，清理工作场所，打扫卫生。

12. 17 点下班。

13. 每天灌装工作时间 7 个小时，人均完成灌装产品 60 箱。

14. 全月核算，完不成工作任务，扣全班组月奖金，必须完成工作任务。

15. 全月核算不许超过工作任务的 10%。工作速度快，会影响产品质量，所以，不许超额完成任务。

二、商业企业

商业企业工作比较单一，工作流程更好做。

开门营业站柜台，迎来送往卖货员。早九晚五靠时间，日复一日虚度年。商店卖货员的工作就是遵守时间，做好本职工作。卖货员的工作效率，取决于他的工作态度、服务方法和销售能力，用绩效考核的办法来制约，考核他的工作。

龙兴商城服装组人员工作流程：

1. 9点上班签到。

2. 9点到9点05分，导购员着导员服饰。

3. 9点05分到9点15分，清理、清点、摆放商品。

4. 9点到12点，营业销售服务。

5. 12点到12点30分，导员分班吃饭。

6. 12点30分到16点40分，营业销售服务。

7. 16点40分到17点，结算业务，用电脑做日报报总部。清点商品，打扫卫生。

8. 17点，封闭店铺，闭店，下班。

9. 按年总体计划，分月核算，完成月指标，合格。超月指标销售部分，按销售额提取7%，奖励给营销部，营销部再按业绩、表现，分别落实到人。

10.当月核算，没有完成销售任务，扣罚销售部全员业绩工资的50%。

三、营销业务员

营销业务员的工作，不能用时间来衡量，要用业务员的工作业绩来衡量，业务员的工作流程是绩效工作流程。

在企业管理的实际工作中，还有很多无发管控的工作岗位，员工在这种岗位上，主要靠自觉性，企业老板对这样的工作岗位就要做出工作流程，让员工有序地按照工作流程去完成自己应该完成的工作。下面是发生在一个公司里的小故事：员工小王找到老板，问道："老板，小李比我来公司还晚一年多呢，我各项工作不比他差呀，你提拔他当经理，为什么不提拔我呀？"老板说："这个事情比较复杂，以后再说。现在正好有个事，有一家公司要来人与我们公司谈生意，你去联系一下，看看什么情况?"过了一段时间,小王来到老板办公室,向老板报告:"老板,我联系了,A 公司是要来我们公司谈生意,说下周来。"老板问:"还有什么情况?"小王说:"就是这么简单的事,再没有什么了。"老板拿起电话拨了出去:"李经理,你来我办公室。"不一会儿,李经理敲门进来了,问:"老板,你有什么事需要我去做吗?"老板说:"A 公司什么情况?"李经理说:"老板,我联系了 A 公司,他们决定下周派人来我们公司谈业务,由张经理带队,一行三人,都是男士,食宿比较好安排,乘下周三下午两点钟的飞机,我已经安排了人去接机,也预定好了酒店。他们在此的时间是三天,我做好了接待流程,一会儿报给你。"老板说:"好,没有其他事了,你去忙吧。"李经理走后,老板对小王说:"你现在明白你为什么没有当上经理的原因了吗?"小王无言以对,默默地走了。所以,老板要根据自己企业的工作岗位,去制定各个岗位的工作流程,只有这样,企业才能减少浪费,节约开支,提高效率。

第四节　工作流程的监管

企业工作流程比较好制作，但是，执行是比较难的。要想顺利执行工作流程，要想达到预期的效果，就要做好监管工作。首先，要建立一个组织机构，监管工作流程的执行。然后，再编制好监管程序，要有标准，有考核。发现问题有人负责，有人去解决，同时，做好奖惩制度，奖罚分明，公平、公正、公开，大公无私，只有这样，才能使工作流程健康有效地进行下去，才能使企业健康发展。

本章重点：

1. 工作流程：做工作流程就是让员工在有效的工作时间内，发挥出最大的工作效能。

2. 工作流程的制作：不论是工业企业，还是商业企业，老板都要根据自己企业的实际情况，制作出不同工作岗位的工作流程，以减少资源浪费，最大限度地发挥出工作效能，提高企业整体效益。

3. 工作流程的监管：再好的制度，如果没有监管，那也是虎头蛇尾。有制度，一定要有监管，才是完善的管理体系。

第九章　薪资报酬

第一节　　薪酬模式

现在的企业老板，大都没有按照工资的组织含义给员工发工资，一个固定模式一步到位，成了工资的全部。这样没有差异的大锅饭，是激发不了员工积极性的，留不住人才，成了养懒人的温床。什么是工资？工是工作，是劳动，是体力、脑力、智力支出的总和。资是薪资，是工作、劳动报酬。工资就是通过工作、劳动所得的资金报酬。那么，同一工种的一群人，他们的工作能力、工作态度、工作效率能一样吗？他们的知识水平、思想意识、责任心等等，差异都很大，给他们一样的工资待遇，公平吗？

合理吗？以前国营企业的大锅饭，八级工资制就是平均开工资，二级工工资就是 35 元，都一样，平均主义。现在，是新时代，要与时俱进，要真正体现社会主义按劳分配的原则，公平、合理、科学地给予劳动报酬。所以，企业老板一定要学习掌握薪酬模式，科学合理地做好薪资报酬，使工资报酬起到杠杆作用，调节员工工作积极性，促进企业发展。

第二节　工资的组成

一、基础工资

基础工资是大体维持职工本人最低生活的工资额。企业招聘员工，根据企业工作性质、当地经济环境、人民生活水平以及同行业工资标准来确定企业员工的基础工资。

例如一家小型生产企业，总体需要 100 名员工，分布在各个工作岗位上，需要共同协作才能保持企业生产经营正常运行。那么，企业招聘进来的每一个员工，都要保障他们的最低生活标准。北方经济落后于南方，人民生活水平低，假如在当地，每人每个月生活标准是1000元，企业就以这个标准来确定员工基础工资。企业招聘进来的100名员工，不论做什么工作，都不能低于基础工资1000元，这是这家企业的工资底线。

二、岗位工资

很多企业把岗位工资这一项报酬单列了出来，像岗位津贴、岗位补助等。做什么工作挣什么工资，这是社会主义按劳分配的原则，这一项薪资报酬的差别是很大的。但是，很多企业老板把岗位工资与基本工资混淆在一起了，这是不对的。

企业需要100人，定员100人，就要招聘100名员工，就会有几十个不同的工作岗位，各个岗位的工资标准是不一样的。聘请部门经理，月薪6000元，1000元是基础工资，5000元是岗位工资。聘请会计，月工资3800元，1000元是基础工资，2800 元是岗位工资。招聘生产员工，月工资是 2800 元，1000 元是基础工资，1800 元是岗位工资。招聘保安月工资是 1800 元，1000 元是基础工资，800 元是岗位工资。

三、效益工资

根据企业工作流程，按不同工作岗位，制定工作标准，考核工作成效，确定报酬标准。工业企业的计件工资、营销企业的绩效工资等，都是效益工资的范畴。在企业里，众多人同做同一工种，根据每人不同的劳动成效，制定效益工资。

四、表现工资

表现工资是根据员工的工作态度、工作能力、工作效益来决定的。包括语言、行为、纪律等，由考核组织通过考核来进行评定，以达到监督、监管的目的，提升企业正能量，使企业生机勃勃、健康有序地发展。设表现工资的企业，一定要设立相应的考核机构，有严密的管理制度和考核标准。

五、奖励工资

奖励报酬分月奖励和年终奖励，一般情况下，月奖励额度比较小，年终奖励比较大。但是，奖励工资的运用，一般情况都比较复杂。奖励工资多种多样，有业绩提成奖励，有效益分成奖励，有超额奖励，有比赛PK奖励等等。

第三节　案例分享

天龙酒业公司业务员工资奖励政策：

一、基础工资1200元，按工作天数计算，一天40元，公休假日除外，病、事假扣工资。

二、岗位工资1800元，业务员岗位工资高，一天60元，按工作天数计算。

三、月业绩工资：月销售5万元以上，奖励1%；月销售10万元以上，奖励2%；月销售20万元以上，奖励3%。

四、表现工资1200元，八项表现，每项

150 元，按考核结果得工资。

五、PK：当月团队销售总额 1% 用作 PK 奖罚，设五个级别，奖一、二、三等级，四级不奖不罚，罚五级。

六、培训新人奖：优秀业务员要为团队招聘一个实习生，并进行一对一的培训，每月给培训新人奖 600 元。培训期三个月一次。

七、业务员出差每天 60 元伙食费，按出差天数计算。

八、业务员出差去省会城市宿费标准一天 150 元，去地级城市宿费标准一天 120 元，去县级城市宿费标准一天 100 元，凭发票报销。

九、业务员出差做业务，根据时间、地点报销汽车票、火车票。特殊情况，经领导批准，可报销飞机票、高铁票。

十、业务员凭发票，每月报销 200 元的电话费。

十一、业务员自驾车出差做业务，可报销过路费、燃油费。

十二、业务经理：月销售业绩达到 50 万元以上，年销售总额 500 万元以上，可晋升为业务经理，年薪 12 万元。

十三、大区经理：月销售业绩突破 100 万元大关，年销售总额达 800 万元以上，可以晋升成为大区经理，年薪 20 万元。

本章重点：

1. 薪资报酬：薪资报酬就是通过工作、劳动所得的资金报酬。企业老板一定要学习掌握薪酬模式，科学合理地做好薪资报酬，使薪资报酬起到杠杆作用，调节员工工作积极性，促进企业发展。

2. 工资的组成：工资组成包括基础工资、岗位工资、效益工资、表现工资、奖励工资等。

第十章　信息系统

第一节　信息的重要性

信息非常重要，一个信息能影响一场战争的胜负。抗日战争时期，在长沙保卫战中，日寇精锐机械化部队第六师团，贪功冒进，中方军司令部决定用泰山军第十军、虎贲军七十四军两个精锐军在金井地区伏击日寇精锐机械化部队第六师团，力求达到全歼。后因机要处叛徒把机密信息泄漏给日寇，结果中方泰山军第十军、虎贲军七十四军，反遭日寇伏击，中方两个精锐军遭到重创，死伤惨重。这场战争胜负的逆转，就是一个信息决定的，可见信息的重要性。信息在古今中外战争史上，决定战争胜负的案例，屡见不鲜。信息在经济领域决定成败的案例更是不胜枚举，比比皆是。所以，企业老板一定要重视信息，掌握信息，运用信息资源，做好企业经营管理。

第二节　建立信息系统

企业建立信息机构。有条件的企业要建立信息资源部，专职负责信息资源大数据，为企业老板提供及时相关的有价值的信息资源。没有专职信息机构的小企业，也要有专职人员负责信息工作，否则，企业老板在经营管理企业过程中，就是聋子，就是瞎子，企业就会故步自封，迷失方向，就会倒闭。

第三节　政治信息

有人说：我做好我的企业，和国际没有多大关系。其实不然，一个自然人也好，一个企业老板也好，都要关心政治，关心国家大事，关心世界大事，国家兴亡，匹夫有责。有一个做农资企业的老板，由于不关心世界形势，不了解国际经济信息，导致破产。第一年白芸豆价格很高，老板赚到了钱，但是，因为第一年没有大干，赚得少。第二年他放开手脚，大干一场，赚得盆满钵满，老板真是喜气洋洋，踌躇满志，要大干一番事业。第三年，成立了农资公司，当上了大老板，改变了战略战术，倾其所有还不够，还借贷资金，要搞订单生产，给农民发豆籽、发化肥，让农民种植，签合同保高价收购，做得风生水起，受到政府领导的高度赞赏，也受到农民的拥护，真是皆大欢喜。秋季丰收，这位大老板看着堆满仓库的白芸豆，做起了美滋滋的发财梦。可是，受世界金融危机的影响，国外不要白芸豆了，国内企业不能出口没有国际贸易，就没有收购的，上千吨的白芸豆砸在了手里，最后导致这个小企业的大老板破产。

现在，我国的一带一路，就是引导我们走出国门，到外国去做生意，做国际贸易。我们企业老板不关心政治，不了解国外经济动态，不掌握行情，如何去国外做贸易？

曾几何时，三氯氰胺事件，不仅使国内奶粉生产企业走向崩溃边缘，就连奶牛也几乎绝迹，整个行业遭遇重创，多少年都无人敢问鼎这个行业。一度使中国父母去购买几百元一盒的外国奶粉，给中国经济造成无法估量的损失。企业与政治紧密相连，做企业离不开政治，政治是大气候。所以，我们企业老板，不论你是否做国际贸易，都要关心政治，关心国家大事，关心世界形势。

企业老板要做好三项工作：

一、安排好时间，坚持经常收听收看中央电视台新闻联播。

二、现代通信非常发达，运用互联网、微信掌握信息。时常关注电视广告，很多人看电视烦广告节目，其实，电视广告节目对企业老板掌握信息大有裨益。

三、企业设置专人负责，建立信息库。

第四节　经济信息

不论什么企业都有企业产品，工业企业有工业产品，商业企业有商业产品，食品企业有食品产品。餐饮业的产品，就是菜品。教育行业的产品就是学生。

老板一定要掌握信息。例如，白酒生产企业的老板，首先要掌握以下行业信息：

1. 在白酒行业有哪些著名品牌？

2. 这些品牌产品是什么香型，主要的生产工艺是什么？

3. 这些品牌酒的主要消费群体是什么？

4. 都是什么价位的产品？

5. 主要销售区域是哪里？销售量有多少？

老板还要明确自己的产品定位，是高档酒、中档酒，还是低档酒。企业产品的受众群体是什么？主要销售区域在哪里？预估销售量有多少？假如企业产品的主要销售区域在山东，老板还要掌握山东的一些信息：

1. 山东有多少家白酒生产企业？

2. 这些白酒企业生产什么价位的酒？

3. 与本企业产品相同的有多少家？

4. 他们的生产销售量有多少？

5. 山东市场销售的产品，与本企业产品相同的有哪些品牌？

6. 这些产品的销售量有多少？

7. 这些产品的主要营销方式是什么？

8. 山东人喝酒的礼节是什么？

9. 山东人都喝多少度的酒？

10. 山东人一次性能喝多少酒？

11. 山东人有多少喝本地酒？有多少喝外地酒？

12. 你企业的酒在山东，能被接受率是多少？

老板做企业，就一定要掌握行业信息、产品信息、价格信息、营销模式信息等。吉林市一个火锅店老板，开了三家比较有规模、比较有特色的火锅店，生意做得红红火火。他的火锅店为什么会生意兴隆，这与他重视信息有很大的关联。他刚开火锅店的时候，生意并不是很好，他为了学习其他火锅店的经验，在一年的时间里，曾派出去 16 位小蜜蜂（就是小间谍）到其他开得好的火锅店去搜集信息，包括菜品、价格、人事、管理、客源等等。他利用这些信息，不断完善自己，迅速成长，取得很大成效，获得成功。信息不论在经济领域，还是在军事领域，都非常重要。在战争时期，指挥员不但要了解自己的部队，同时也要掌握敌方信息，才能克敌制胜，正所谓，知己知彼，百战不殆。如果指挥员只了解自己的部队，不了解敌方，不掌握对方信息，那无疑是盲人摸象，只能打败仗。所以，信息非常重要。

第五节　企业信息

老板对企业内部的信息也要掌握，包括员工信息、生产信息，管理信息等。

怎么样打造一支过硬的团队，招之能来，来之能战，战之能胜。老板要掌握主要员工信息，为这些员工着想，为他们做事，解决他们的后顾之忧，员工才能真正为企业做事，老板才有号召力，企业才有凝聚力，团队才能有战斗力。

员工信息包括：员工的年纪、生日、性格、身体健康状况、家庭情况、社会情况及经济情况，以及员工的工作技能、特长等等。老板为员工做事，员工才能为企业做事。

老板要掌握自己企业的产品信息。这些信息主要是：产品原料来源、价格、采购流程，产品生产工艺流程，同行企业的相关信息，以及可比性等等。

老板还要掌握企业的经营管理信息、员工的思想动态、企业的形象、在行业和当地的影响等等。世界上最科学的信息系统，就是人体的神经系统，哪怕触碰到一根毫毛，也能感觉到，微风拂面也能感知到，信息灵敏得无微不至。

信息工程就是企业经营管理的神经系统。我们虽然不能像人体神经那样敏感，但是，也要像建设工程一样，周到、细致，尽量完善，趋于完美，这样，我们的企业才能顺利发展。

本章重点：

1. 信息的重要性，企业老板一定要高度重视。

2. 企业要建立相应的信息机构，设专人负责信息资源。

3. 企业老板要掌握相关的政治信息、行业信息，以及企业内部信息，运用信息资源经营管理企业。

第十一章　财务管理

第一节　资金收入

财务管理是一个专业学科，在财经大学也是一个重要学科。在工矿企业单位，财务是一个重要部门，就是政府机关单位，财务管理也是重要的环节。但是，在社会经济领域中，情况就不一样了，一些初创的微小企业没有专职财务人员，当天的收入交给老板就是结算了，如专卖店、小旅店、小饭店等经营性小企业。有一定规模的大一些企业，都设有专职会计，由专业人员专职负责，设出纳员、会计、记账员等，设置专职机构——财务部来系统地做财务管理，有制度、有管理、有监察。

初创企业的老板，不可能全都具有财务管理能力，也不需要去研究财务专业知识，但是，你既然是老板，就一定要掌握你的资金来源，最大限度地减少"跑冒滴漏"。

资金收入主要有三个方面：第一是投资，投资人投入的资金，股东入股资金，老板自己投入的资金。这部分资金是企业初创时期有，企业正常运营就基本没有了，是比较好掌握的，一般都不会出现什么问题。第二是其他收入，这部分资金收入比较少，主营业务外的收入笔数也不多，比较明朗，也比较好掌握。关键是第三方面的资金收入，就是主营收入。如饭店、商店等商业服务行业的营业收入，工矿企业的产品销售收入等。主营收入的管理是比较关键的，作为小微企业的老板要如何掌握好资金收入呢？老板要做好三方面事情：

一、现金与票据分管，负责现金的不管票据，负责票据的不管现金。每张票据必须有老板签字，无老板签字的票据无效。

二、让负责财务的人员天天做财务日报表，

把当天的所有收入、支出列出明细表，要有制表人、负责人签字，天天报给老板。

三、每月要有第三方人员，负责审查财务收入支出情况，并做出书面说明，报给老板。

第二节　资金支出

在企业资金支出中，最主要的有三项：第一是员工的薪资报酬，做企业最基本的是保证员工的工资收入，开不出工资的企业是无法继续发展下去的。老板对这项资金支出的掌握就是保证员工正常开工资，以及发放奖金和福利待遇。由财务人员做好工资表，由会计或财务主管负责审核并签字，员工在领工资时签字，这项工作就完成了。第二是原料采购或商品采购，这项资金支出最大，也最复杂，最难控制。对于这项资金支出，很多企业老板都是亲力亲为，即使老板不能亲自参与，也都是交给老板最亲近、最信任的人去做。不论是谁在做这项工作，都必须有健全的管理制度，否则，久而久之难免会产生矛盾或发生问题。遵章办事，按制度管理，企业才能顺利发展。第三是管理费支出，居家过日子是柴、米、油、盐、酱、醋、茶，七件事。企业开门营业花钱的地方更多，正常的费用和不正常的费用都有，老板主要掌握的是业务外支出，是非正常支出，这部分支出较大，但是，大多数又都是老板亲自支出的，即使不是老板亲自花的，也是经老板同意的，所以，这部分费用开支，必须由老板亲自掌握和控制。节能减费，减少费用就是增加效益。

第三节　账目审核

在企业财务管理上，老板要做好三个方面的工作：第一要有财务账目，资金的收入与支出都要有票据，要入账。资金再少，哪怕几角、几元钱都要有票据，要有经手人，有领导人签字，要走账，要遵章办事。第二要有财务制度，有财务报表。特别是资金流水账，要有日报表，不能怕麻烦，财务日清月结是企业必须做的。日报表与月报表必须核对相符。资金平衡表、资产负债表也要有，老板不一定懂财务专业知识，但是，老板一定要会看财务报表，一定要能看懂财务报表。第三，要有监察与审核。没有监察与审核，财务部门就如同虚设，财务账目与财务报表的真实性就会大打折扣，财务管理就是空谈。所以，企业设财务监察与审核，就会减少很多财务漏洞，完善财务管理，企业就会健康发展。

本章重点：

1. 老板要掌握资金收入，要健全财务手续制度，要有日报表和月报表。

2. 老板要掌握资金支出，建立健全财务管理制度，老板要能看懂财务报表。

3. 建立财务督察，每个月要对财务收支情况进行一次督察审核。

第十二章　仓储管理

第一节　仓储保管

企业管理的三个主要方面：人员管理，财务管理，物资管理，也就是人、财、物三个方面，三个方面同等重要。但是，企业老板大都很重视人员管理、财务管理，相对于物资管理却不那么重视。有的生产企业，原料到处堆放，仓库杂乱不堪，账目不清，人员配置不足，责任不明确，漏洞百出。其实，仓储也是一门学科，我们老板在创业之初，虽然不能样样精通，但是，也要懂得一些仓储管理，减少损失和浪费。不能外面挣块板，家里丢扇门。企业保管员、库管也是重要岗位。物资就是资产，就是钱，损失了，就是损失钱，所以，物资仓储也很重要。

一、原料或商品进厂，要及时入库，按原料商品的种类，堆放规整，要便于出库、入库，便于查点。

二、要及时根据入库原料、商品的种类和数量，做好入库单，做好入库账，不拖，不误，日清月结。

三、要保持原料商品的卫生、清洁。

四、要做好原料商品的防霉、防捂、防鼠、防晒、防雨水等防护工作。

五、要做好防偷、防盗、防火灾、防意外等工作。

六、工具用具也要清点入库、入账。使用时出库，用完入库，报废物品要及时做报废手续，及时销账。

七、低值易耗品、办公用品也要登记入账。

第二节　保管账

资金与资产都是企业资本，资金与资产在企业中，通过生产经营，互为依托，相互转化，共生共存，同等重要。财务账与保管账同样重要，不能厚此薄彼。

企业物资资产保管手续制度一定要健全，保管账要专人负责，记账要清晰、认真、及时、准确，要同财务账一样严格管理。保管员和库管要认真履行职责，做到日清月结。很多企业老板不重视库管保管员，忽略了他们工作的重要性，把他们视为普通员工，这是不对的。其实，库管保管员与出纳员、会计是同等重要的，在某种程度上，库管、保管员要比出纳员、会计还要重要。因为出纳员、会计都是专业人员，财务手续制度相对比较健全，不太容易出现错误，造成损失的可能性不大。可是，对于库管、保管员就不一样了，他们大多都不是专业人员，很少有专业学习过仓储知识的。如果他们懒惰一些，如果他们责任心差一些，如果他们疏忽一些，那么，就极可能对物资财产造成大的损失和浪费。所以，企业老板一定要重视仓储工作，严格管理保管账目，避免损失浪费，杜绝跑冒滴漏。

第三节　监管制度

人的惰性是天生的，不能完全靠人的自觉性，在企业一定要让制度说话，用制度管理企业。企业物资保管杂乱无章，费力不讨好，做的是无形无影的工作。但是，没有人去整理不行。有人做了，看不到成绩，久而久之就会使人懈怠。所以，工作要有人干，还要持之以恒，怎么办，就要有制度，进行监管。

一、原料商品入库时，要根据不同原料商品的种类和数量，制作票据，入库。当月出库时，也要做好出库票据，同时做好库存累计。

二、月底要有第三方参加的库存盘点工作，要清查物资与账目是否相符，物资存放是否整洁、规整。物资商品是否受损、短缺。

三、对于物资与账目不符，正常损失的原料商品，由保管部门做出说明，及时报损。不能说明情况的损失，要明确责任，按制度做出惩罚。

四、保管部门尽职尽责，常年没有超标准损失的，要根据制度，进行奖励，要奖罚分明，公平合理。

本章重点：

1. 企业资产等同于资金，物资与资金同等重要，企业老板要重视库管与保管员。

2. 企业原料、物资就是资产，资产与资金，互为依托，互相转换，所以，企业保管账与财务账同等重要，要认真、准确、及时地做好保管账。

3. 设置监管机构，负责监督、检查资产管理及保管账工作。

第十三章　会务系统

第一节　开会的意义

企业经营管理的重要环节，就是会务制度，企业一定要建立会务制度。现在有很多企业不重视开会，因为是现代化了，企业里有员工微信群，有干部微信群，有什么事情就在微信里群发了。有的企业老板与员工多少天都不见面，就是靠微信联系，指导工作。有的老板说了："这都什么年代了，还开会？微信多方便啊。"其实则不然，微信只是通信工具，替代不了会务的职能。

开会是一种企业文化，能统一思想，能产生动力、凝聚力。开会能把老板、领导的思想、意图传达出去，能让老板、领导与员工进行面对面的沟通、交流，产生亲情。开会能讨论研究企业方针政策，能群策群力，能互相学习进步，共同发展。在现实企业经营管理中，经常开会的企业，要比不开会的企业，在企业面貌和经济效益上好得多。所以，企业要建立会务制度，完善会务系统，坚持经常开会。

中国土地革命时期，共产党组织农民武装暴动，把没有文化的、不懂革命的、不会打仗的农民，组建成能打胜仗的革命军队，靠的就是开会，当时的农民虽然没有文化知识，但是，他们有实际经验，大家总在一起研究、讨论，慢慢就研究出切实可行的办法。常言说三个臭皮匠赛过诸葛亮，他们天天在一起研究讨论，办法就会越来越多，使星星之火的革命，在中国成燎原之势。同样，在抗日战争时期，八路军、新四军，把党支部设在连上，设指导员、政委，就是专职做思想政治工作的，就是靠开会，把无知农民打造成坚强的革命战士，直到打败侵略者，建立新中国。所以，贯彻落实会议制度在企业是非常重要的。

第二节　晨会

　　早晨，在城市的大街上，经常能看到一群一群的企业员工，在他们企业门前，穿着整齐的服装，在唱歌、跳舞，还放着音乐。他们是在干什么？他们是在开晨会。

　　晨会要天天开，怎么开？早晨上班第一项工作，就是开晨会。由各部门经理，组织本部门员工，自择场地，首先列队，练队形。整理好队形之后，由经理训话，然后，开始唱歌、跳舞，并齐声朗诵清晨励语。时间 20 分钟到半小时，由经理掌握。开晨会的意义，是激励员工斗志，提高工作热情，展示企业风范，树立企业正气，积淀企业文化。在晨会上，不说工作之事，不批评，可以表扬好人好事。让员工一入厂，就能愉悦开心，使之高高兴兴进入工作状态，开心工作，才能创造出好的工作效益。

　　夕会是与晨会相对的，是晚上开的工作会

议。夕会可以天天开，也可以两三天开一次，根据企业实际情况确定。夕会是总结会，由经理组织本部门员工召开，可以表扬，可以批评，奖罚分明。夕会可以一事一议，也可以多项议程。开会时间，可以是班前，也可以是班后。开会的目的，是及时了解本部门工作情况，及时发现问题，及时解决问题，随时与老板保持一致。

第三节　诸葛亮会

诸葛亮会要坚持经常开，至少要每周开一次。开诸葛亮会的规模，可大可小，可以是领导层召开的企业规划会，也可以是专题讨论会，还可以是企业营销策划会等。智慧的火花是碰撞出来的，在诸葛亮会上，人人都用心想事，他人无意中的一句话，就可能启迪了你的心扉，让你产生了新的想法，触动了新的灵感，产生了新的创意，在大家的讨论中，完善了一个新的策划方案。诸葛亮会是集体智慧的结晶，是企业策划创意的源泉，是企业发展中一个重要的会议形式，新创业的老板，一定要重视诸葛亮会，坚持召开下去，千万不要开几次没有结果就不再开了，一个好的创业策划也不是一次两次就能产生的，与会人员也不是开诸葛亮会就有灵感的，一定要多次碰撞，经常开诸葛亮会，才能有好的成绩、好的发展。

第四节　培训会

　　企业培训会种类很多，有领导干部培训会，有思想教育培训会，有员工技能培训会等等。培训会要有计划、有组织、有程序地经常开。培训会对企业来说非常重要，是自己培养人才的有效途径。毛泽东就很重视培养人才，革命初期就在根据地大力创办农民运动讲习所，把落后的农民培养成坚定的革命战士，成为最基层的领导人，使农民武装起义部队增强了组织纪律性，提高了战斗力。一直到抗日战争最艰苦阶段，仍坚持办延安抗大，为抗日部队培养革命干部。由此可见，培训的重要性。

第五节　活动会

企业的文化体育活动要有计划地开展，它既是企业文化，又能增强企业活力。在开展各种活动中，能增加老板与员工的互相交流与沟通，形成企业凝聚力，所以，企业一定要有计划地开展各种各样的文化体育竞赛会、优秀代表旅游度假会、各类比赛 PK 会等等。

活动会在企业初创时期开展得比较少，因为这个阶段企业人员比较少，各项工作还没有正规化，资本积累还没有完成，所以，这个时期的老板还忙于主板工作，对开展各项文化体育旅游等活动，还顾及不到。当企业发展到一定规模之后，自然就会有各种活动跟进了。因为，企业开展活动，是企业发展的需要，是员工的需要，是体现企业活力、发展企业文化的需要，所以，这个时期的企业，就要有计划地开展，进行文化体育旅游等项活动，因为，这是企业发展的必然。

第六节　月会

月会就是一个月开一次的会议。为什么要开月会？汽车跑一定里程需要加油，战马跑一段时间需要喂料。一个企业，一个部门，一个人的能量是有限度的，到一定的时间，到一定的阶段就需要补充能量，需要激发激情，需要修正方向和路线，一个月就是一个阶段，开会就能起到这个作用，所以，企业需要开月会。正确地开好月会，才能保证全年工作计划的顺利完成。

月会一般都是工作会议，要先开一个领导预备会议，确定会议内容，做好会议程序，然后再开全体员工大会，要有准备、有内容、有程序地召开。

月会怎么开？

一、把全年的工作计划，划分出十二份，确认本月工作计划完成情况。

二、总结一个月的工作情况，查找出错误和不足，并且找出原因，追查责任，该罚的一定要罚。还要做出整改方案，修正方法、方针与路线。

三、表扬好人好事，该奖的一定要奖。

四、做激励课，提高工作热情，鼓足工作干劲，再接再厉，争取胜利。

五、有月分红、月奖金的企业，要在月会上进行。

六、有团队 PK 的企业，要在月会上进行 PK，以践行奖惩制度，激发员工斗志，提高工作成效。

七、各个部门领导要表态明志。

第七节　年　会

一、年初启动大会

这是企业誓师大会，确定全年工作路线、方针、政策，确定全年工作总体目标的大会。

1. 领导人要召开预备会议，确定全年工作总体目标，确定大会流程，确定会议时间等。

2. 各个部门要召开工作会议，紧跟大会主题，部署落实大会精神，确保大会圆满成功。

3. 布置会场，要有会议氛围，让与会的所有人都感受到紧张、振奋、高兴、融入的心情。

4. 安排好会议程序，确定主持人。

5. 老板做工作报告，总结去年的工作，确定今年的工作目标。

6. 各个部门领导述职宣誓，表态发言，支持老板，抢任务，敢担当。

7. 员工代表发言。

8. 各个部门整体展示，表演有激励意义的节目，以达到使全场群情激奋、斗志昂扬，使企业全员激励奋进、众志成城。

9. 会议落幕，圆满成功。

二、年终总结大会

总结全年工作，兑现年初承诺，表彰奖励先进人物和事迹。

1. 领导人预备会议，确定会议流程，确定奖惩额度，确定大会规模。

2. 各个部门召开准备工作会议。

3. 提前召回企业外出人员，提前确定特邀嘉宾，逐项做好会议准备工作，落实奖品、礼品、备品等。

4. 确定会议流程，布置会场，落实主持人。

5. 领导人讲话，贵宾讲话，代表讲话。

6. 发年终红利。

7. 奖励先进人物，讲先进人物事迹，先进人员代表发言。

8. 各个部门文艺表演。

9. 先进家属代表讲话，颁发家属支持奖项。

10. 发特殊贡献大奖。

11. 发特邀嘉宾礼品。

12. 举行答谢宴会。

本章重点：

1. 开会的意义：开会是一种企业文化，能统一思想，能产生动力、凝聚力。开会能把老板的思想、意图传达贯彻下去，能让老板与员工进行面对面的交流与沟通，能产生亲情。开会能讨论研究企业发展的方针策略，能互相学习，互相启迪，达到群策群力，能开发出集体智慧，共同发展。

2. 晨会的意义：激发员工斗志，提高工作热情，展示企业风范，树立企业正气，积淀企业文化。让员工一入厂，就能愉悦开心，使之高高兴兴进入工作状态，开心工作，才能创造最好的工作效益。

3. 诸葛亮会的重要性：诸葛亮会是企业发展中一个重要的会议形式，是集体智慧的结晶，是企业策划创意的源泉。

4. 活动会：活动会是企业文化，开展各种活动会能增强企业活力，在开展活动中，能增加沟通与交流，使企业产生凝聚力。

5. 月会：月会是保障企业运行的驿站，是企业经营管理的加油站。月会能修正企业在经营管理运行中的路线与策略，月会能补充能量，激发员工激情，保障企业全年工作任务的顺利完成。

6. 年会：年初启动大会是誓师大会，确定全年工作路线、方针、政策，确定全年工作总体目标。年终总结大会是企业庆贺联欢大会，总结全年工作，表彰奖励先进人物，发奖励红包，企业全体大联欢。

第十四章　服务系统

第一节　客户服务的意义

打江山易，坐江山难。开发市场易，服务客户难。做不好客户服务，你的产品就像一阵风一样，吹一阵就过去了，开发市场所做的努力，就像黑瞎子掰苞米一样，开发一个丢掉一个。所以，一切为客户服务，是企业做好市场的重中之重。现在，不是企业是龙头老大的时候，而是市场引领企业发展，客户真正是上帝的时代，做好客户服务是企业发展的唯一途径。

第二节　客户档案

营销团队开发出一个客户，也是相当困难的。过去计划经济时代，商品紧缺，凭证、票供应。买粮要粮票，买布要布票，买肉要肉票，就是买烟、酒、糖、茶、针头线脑都要票、要证。那时每个家庭工资收入都不高，可是，要想买台自行车、手表，有钱也买不到，还要凭票排号，因为，那个时期物资紧缺。那时，企业是龙头老大，国家都在讲，要建设龙头企业，给企业下生产指标，企业只要完成生产任务就可以，不用企业去销售产品，国家就给包销了。现在，是市场经济，是社会主义初级阶段，生产产品过剩，产品销售就是企业最大的难题。市场上同质类产品琳琅满目，质量、价格参差不齐，好产品不好卖，假冒伪劣产品鱼目混珠，充斥市场。这就给销售商极大的选择性，销售商掌握着最大的主动权。现在的销售商，大都是四五十岁的中老年人，他们文化程度不高，大多数都没有参加过工作，更没有读过高中、大学，很多还是从农村走出来的打工族。他们虽然文化素质比较低，但是，就他们自己所经营的产品品类来说，那还真是行家。因为他们在自己经营的行业里经营了几十年，他们把产品的质量、价格、产地，掌握得清清楚楚。他们这些人吃惯了企业的政策，企业不给他们好处，别想让他们给你卖货。久而久之，他们养成了三大特性：

1. 占便宜。向生产销售企业无休止地、无底线地要政策，占生产销售企业便宜，不管你生产企业的生产成本是多少，他是越便宜越好。

2. 卖贱货。销售商不重视质量，他们说消费者不知道质量，看到的就是价格，所以，他们只看价格，你的产品比同类产品贱，他就给你卖，这就给假冒伪劣产品以可乘之机。在山东酒类批发市场上，就有三十几元一箱到岸价格的酒品，而且，从酒瓶、酒盒、酒箱上看，从产品设计上看，从包装材料质量上看，都很不错。按照市场价格算一算，这个价格连酒的包装都制作不出来，真不知道酒品还有没有价值了，但是，这类酒就是好卖。所以，销售商看重的就是价格。

3. 卖快销品。销售商们卖市场上流通的产品，什么产品卖得快，他们卖什么产品，哪怕不赚钱，带着卖都得卖，以此招揽顾客。

由此可见，企业营销团队开发出一个经销商，要经过很多艰辛和不懈的努力。因此，客户服务工作至关重要。要了解客户，掌握客户信息，给客户建立档案。

一、掌握客户的市场销售范围，评估客户的销售量，详细记录客户进货情况。

二、了解客户的企业状况，客户的家庭情况，掌握一些客户的主要社会关系，掌握客户销售的网络渠道。

三、了解客户的性格、特长、主要喜好，以及客户一些个人相关信息。

四、坚持做好客户的电脑档案，持之以恒，不要间断。

第三节　客户分类

对客户的服务，不能一视同仁，一定要有所区别。由于客户所在的销售区域不同，客户的经济、营销能力不同，客户对你企业产品销售的力度也不同。对你企业产品的销售量大不相同，对你企业的贡献就不一样，所以，你对他们的服务也不能一样。

百分之二十的大客户，销售你企业百分之八十的产品，百分之八十的小客户，只能销售你企业百分之二十的产品。因此，对客户要进行分类管理，把客户按销售量分成五个级别，大客户为钻石客户，二类客户为黄金，一般客户为银质客户，差一点的客户为铜质客户，最小的客户为铁客户。重点服务钻石客户，大力培养黄金客户，带动一般客户提档升级，小客户优胜劣汰，吐故纳新，不断吸收，不断筛选，打造稳固的客户群体，保障企业销售稳步发展。

第四节　服务政策

客户服务是多方面的，目前，中小企业所做的客户服务主要有三个方面。

一、怎么样帮助客户把自己企业的产品卖出去

企业的产品要卖不出去，客户就不会再进货，就没有销售量，你的这个客户就会流失。怎么样才能把你企业的产品卖出去，是生产企业普遍存在的大问题。解决这个问题主要有三种方式：第一，在产品上下功夫，主动与客户沟通，了解消费者对产品的意见，积极改进产品质量，使你企业的产品能满足消费者需求，做到适销对路。第二，积极探讨营销模式，好产品也要有好方法，才能卖出去。组织众多客户召开座谈会，请销售好的客户谈体会，去伪存真，去粗取精，取长补短，互相学习。第三，企业要多开展促销活动，为客户销售多创造有

利条件。

二、做客情服务

俗话说：远亲不如近邻，近邻不如对门。人与人需要经常沟通，需要互相了解，互相信任，互相尊敬。所以，首先对客户要尊敬，然后，再适当地送一些礼物，比如，在客户生日的时候，请他吃一顿饭。他家人过生日的时候，再送一点礼物。在不经常见面的情况下，每次见面时都要有见面礼。这样做其乐融融，感情会越来越好。与客户感情处好了，你企业的产品销售也就好了，所以，要与客户交朋友，处感情。

客户有需要帮助的时候，你要挺身而出，勇于承担，帮助客户，你为客户解决生活中的问题，客户一定为你解决销售问题。只要感情到位，客户一定全力以赴为你销售产品，客情决定销量。

三、满足客户玩的需求

现在，各个企业都在为客户开展各种各样

的活动。开联欢会，开竞赛会，国内旅游，国际旅游等等，一切以客户为中心，满足客户的各种要求，以达到企业营销目的。衣食足而知荣辱，仓廪实而知礼节。现代人们早已经不满足物质生活的需求了，而是向更高的精神生活领域迈进了，玩乐成了人们的新需求。做好客户服务，就是组织、带领客户玩好，乐好，在玩乐过程中，企业产品的销售量才能大幅提高。

第五节　股东客户

把大客户纳入股东，是企业常用的策略。经营性的企业，离不开客户，大客户决定着企业的命脉，为稳定客户，稳定销售量，把大客户与企业捆绑在一起，休戚与共，利益共享，是企业的明智之举。

实体企业出让原始股的，需要有一定的法律程序，一般的都是出让红利股。经营性企业，以营销为主体，没有什么实体产业，都是利润股，一般出让的股份比例比较大：10%，20%，甚至高达30%，让利给客户股东，以此来保证企业稳定发展。

本章重点：

1. 客户服务：现在是市场引领企业发展，客户是上帝，一切为了客户，是企业做好市场的重中之重，做好客户服务是企业发展的唯一途径。

2. 客户档案：掌握客户信息，给客户建立档案。

3. 客户分类：按销售量把客户分成级别，有利于对客户进行管理。重点服务大客户，培养中客户提档升级，对小客户优胜劣汰。

4. 服务政策：第一，帮助客户把本企业产品卖出去。第二，做好客情，只要感情到位，客户一定能帮助你解决销售问题，客情决定销量。第三，满足客户玩的需求。

5. 客户股东：把大客户纳入股东，稳定销售量，保证企业顺利发展。

下篇　战术谋略

第十五章　团队模式

第一节　团队建设

什么是团队？团队就是一支团结的、有组织的、有战斗力的、能打胜仗的队伍。

为什么要建设团队？一个人力量小，人多力量大，众人划桨开大船，组织一群人合作才能做大事，所以要组织团队作战。

团队的三个特质：

一、有事业。有项目，有目标，有事可为。

二、有组织。有组织机构，有领导，有合作分工，有策划、有执行的组织队伍。

三、有制度。有组织纪律，团结一致，上下一心，砥砺奋进，有管理制度，有竞争机制，有文化素养。

怎么建设团队？

大家熟知三国演义，刘备可谓是创业典范，创业之初，组建三人团，刘备、关羽、张飞，进行深度捆绑，磕头拜兄弟，实行结拜制，留下了千古佳话桃园三结义，共富贵，同生死。他们英勇无敌，南征北战二十余年，没有立足之地。为什么？他们虽然都是英雄，但是，有勇无谋，缺军师。刘备也意识到了这一点，三顾茅庐请出了诸葛亮当军师，这才是完美的组合，自此以后，攻城略地，战无不胜，打下了蜀国江山。所以，团队建设要有策划，有执行力，有信息资源，有服务跟进，四项功能俱全才是一个完整的、强大的团队。

第二节　建设团队

建设团队，大多是建设营销团队，生产企业建设的营销团队，是以销售自己企业的产品为主要业务；营销公司建设的是自己公司的营销队伍，有的销售一种主打产品，有的是销售一系列产品。不论是企业建设的营销团队，还是营销公司建设销售队伍，他们最初是如何建设的？怎么建设团队？

一、立项

不管建设什么样的团队，首先要立项，为什么建设团队？以什么为主业？你要干什么？销售什么产品？所以，你要知道你要干什么，要立项。

二、领导人

老板自己要开营销公司，那老板就是团队的领导人。企业要建设营销团队，就要研究、确定一个领导人，来做这项工作，主抓销售，做团队领导人。正所谓人无头不走，鸟无头不飞。正确的决策确定之后，干部就是决定因素。所以，领导人很重要。

三、资金

老板自己要做营销公司，建设团队，老板就要投资，或者找合伙人，投资额决定公司规模。没有资金做不成事，没有资金你公司既招不来人，也销售不出去货。如果是企业要建设销售团队，企业就要根据生产规模、销售量来确定建设团队的规模。投入的资金多少，决定着团队的建设规模。

四、组织机构

有项目，有领导人，有资金。有这三个先决条件，下面就要实际操作了，怎么进行？就是建立组织机构。

1. 策划部。策划就是研究方法的，是企业智囊，就是军队的参谋长，就是军师。运筹帷幄，决胜千里。没有策划出方针政策，就没有执行。没有方法，就没法干。策划人可以是一个人，也可以是多个人，策划就是智慧，策划人是人才，非常难得，可遇不可求。有个好的策划，企业就会财源滚滚，健康发展，如果策划不好，企业就会有困难，就会有挫折，就有损失。

2. 市场部。市场部就是执行，再好的方案，也要有人去执行。三国诸葛亮计策再好，如果没有关羽、张飞、赵云去冲锋陷阵，斩将杀敌，也不会得到胜利。市场部就是先锋队，就是战斗力，就是执行力。

3. 信息部。信息在企业生产、经营过程中非常重要。但是，有很多企业不重视信息，这是非常错误的，信息自古至今都是非常重要的。三国蒋干盗书，就是信息在古代战争中的应用。现代战争，信息战也起着重大作用。企业发展离不开信息，知己知彼，百战不殆。团队信息部，是必不可少的。

4. 客户部。客户服务是营销团队的一个重要环节，市场部是开疆拓土，客户部就是安邦治国。客户部就是后勤，就是根据地，为市场开拓做好后勤保障，为客户服务，是市场开拓的延续。

5. 财务部。是每个企业必不可少的一个重要部门。

6. 监察部。很多企业没有监察部，导致企业经营管理不完善。小到企业经营管理，大到国家治国理政，都要设立监察部，以完善管理体系。

7. 其他机构可根据企业发展情况确定。

五、制定规范

建立健全各项管理制度，让制度管理企业。

第三节　管理团队

一、用薪酬管理团队

薪酬就是员工的劳动报酬，多劳多得、按劳取酬是社会主义分配原则。但是，在过去并没有完全按照这个原则办事，例如，在员工较多的生产企业里，二级工，有几百人，所有二级工都是 35 元的月工资，是完全的平均主义，是社会主义的大锅饭。现在的企业里也有平均主义，如何用薪酬管理团队是一个新课题。

把工资分解，融入职能，计工资起到管理的作用，工资就不仅是劳动报酬，而是给工资赋予了使命，进入了管理系统。

1. 岗位工资。干什么工作挣什么钱，本来就是理所当然的事，可是，在现在中小企业中，执行起来就非常难。因为，一些员工吃大锅饭已经习惯了，就想少出力，多赚钱。要想用薪酬管理团队，就一定要确定岗位工资，做什么工作，赚什么钱，确实体现按劳取酬的分配原则。

2. 业绩工资。按多劳多得的原则制定业绩工资，确定月的工作任务，完成工作得工资，没有完成任务扣工资，超额完成任务奖励。

3. 表现工资。设计出标准，表现好得工资，表现不好扣工资，按条衡量。

4. 福利、奖励工资。

二、用业绩管理团队

团队各部门，每个月都要有工作任务，每个人都要有指标，每周要进行 PK，周成绩作为表现成绩，到月底要进行总 PK，根据月成绩进行奖励，设五级奖励级别，一级大奖，二级中奖，三级小奖，四级不奖不罚，五级末位小罚，连续三个月末位的，淘汰。当月没有完成工作任务的员工，不得业绩工资，没有资格参加 PK，连续三个月没有完成任务的员工，辞去。

团队员工每个人，每年要给团队招聘一个或几个实习员工，并且，负责对其招聘的员工进行一对一的培训，三个月要把实习员工培训成合格员工，带实习员工的人，每个月每培训一个实习员工，可得到 300～600 元的培训奖励。这样，团队就不断有新人进来，弥补被淘汰的空缺，使团队始终有新鲜血液，形成吐故纳新、优胜劣汰的良性循环，团队就会生机勃勃、蒸蒸日上。

三、用制度管理团队

用制度管理团队，是团队管理的更高境界。有铁的纪律，才是过硬的团队，才能战无不胜，攻无不克。如果，制度不完善，纪律涣散，团队松松垮垮，那肯定是业绩平平，企业亏损，最终走向灭亡。

朝气蓬勃、欣欣向荣的团队，就要组织机构健全，让员工能够清晰地看到前途与希望。员工在企业中工作，不但需要赚到更多的钱，同时也更希望有前途，希望能够被人尊重，希望自己能够承担更大的责任，希望能当领导人。所以，企业就要给员工设计好晋升路径，让员工看到希望，积极向上，自觉去追求美好的价值愿景。这个团队就会生机勃勃，就会充满正能量。

什么企业需要建立团队？凡是以盈利为目的，以经营管理为手段的生产、经营性企业，都应该建立营销团队，以使企业快速发展壮大。各地餐饮服务行业的中、小饭店，中小宾馆、旅店等，绝大多数没有营销团队，他们只是开门迎客，坐店经营，没有专业团队去主动把顾客请进自己的店来，让客户盈门，而是被动地等客户进门。还有为数众多的美发、理发店，遍布城市大街小巷的小商超、便利店，他们大多都是被动地坐店经营，无奈地等待顾客上门。所以，倡导、传播企业建立营销团队是正确的，是符合时代潮流、符合经济发展的，势在必行。但是，让所有企业都建立营销团队，还需一个漫长的过程，任重道远。希望我们所有企业，在经营管理中，都能更进一步，早日实现伟大复兴的中国梦。

本章重点：

1. 为什么要建设团队：个人力量小，人多力量大，众人划桨开大船，组织一群人合作才能做大事。所以，要组织团队作战。

2. 如何建设团队：建设团队首先要立项，要明确目标、任务，要知道干什么。第二要选择领导人，正确路线确定之后，干部就是决定因素。第三要建立组织机构，建立健全各项管理制度。

3. 管理团队：第一，用薪酬管理团队。第二，用业绩管理团队。第三，用制度管理团队。

第十六章　卡模式

第一节　会员卡

现在卡模式风行各个经济领域，到饭店去吃饭，服务员会介绍你办卡；到宾馆住宿，服务员会介绍你办卡，特别是全国连锁快捷宾馆，汉庭宾馆还提出：金卡会员到哪里都有饭吃的主张。到理发店理发，理发师也会介绍你办卡，到药店买药，也会介绍你办卡。

为什么都要给办卡？办卡的目的就是捆绑消费者，让消费者成为长久客户。

第二节　优惠卡

优惠卡一般是连锁机构，如酒店、宾馆使用，持卡来本店消费享受折扣优惠，有的为了达到办卡的目的，还推出礼品卡活动。客户交38元就可以办会员卡，送98元礼品，办卡就送礼品，用礼品吸引客户，达到办卡的目的。

各大型超市也都给客户办卡，客户只要持卡在本店消费就享受折扣优惠，捆绑客户不去其他超市消费，有的超市还推出会员日，会员日期间消费，不但享受折扣，还有抽奖活动，有礼品相送。

快捷宾馆多是全国连锁机构，只要你是会员，走到哪里都享受优惠待遇，而且，还把会员卡设计出几个级别，根据你入住次数，进行自动升级，级别越高，享受的优惠越大，以此来进行深度捆绑客户，以提高经营效益。

第三节　　储值卡

企业让客户办储值卡的目的，就是让客户储值，预收客户的钱，捆绑客户在此长期消费，同时，用客户预交的钱可以做更多的事。

储值卡一般都设计出不同级别，根据客户一次性储值金额来确定客户级别，相应赠给政策，诱使客户多储值。一般都设计出五个级别，分铁、铜、银、金、钻石。也有直接按一二三四五级定的，也有按星级排列的，各有千秋，怎么都可以。

办储值卡一般都不收卡费。

一星客户：储值 500 元，奖 10%，储值卡里充值 550 元。

二星客户：储值 1000 元，奖 15%，储值卡里储值 1150 元。

三星客户：储值 3000 元，奖 20%，储值卡里储值 3600 元。

四星客户：储值 5000 要，奖 25%，储值卡里储值 6250 元。

五星客户：储值 10 000 元，奖 30%，储值卡里储值 13 000 元。

储值卡里没有钱了，或储值卡里钱不多了，营销人员要及时向客户做工作，提示客户向卡里充值续卡，按充值多少钱重新确定储值卡级别，按级别赠奖。

客户储值卡里的钱，只能在本店消费，不能提现金，不能转账，不能买卖，实行实名制登记。因为是对贵宾客户的优惠，所以，卡丢失可以补办。

允许客户退卡，客户退卡时，要扣除赠送的奖励政策。虽然办卡时没有收费用，但是，客户没有消费完就要退卡，是一个很难堪的事，所以，要收取一定的卡费。

第四节　积分卡

积分卡有直接积分方式和多层积分方式，直接积分使用的比较普遍，大多用在百货、商超、药店等零售业上，直接积分比较简单，买多少钱商品就积多少分，一元积一分，再按积分值兑换相应的礼品。多层积分使用的比较少，也比较复杂。

现在以太岁酒的商业模式来解析多层积分的应用。

一、项目名称：走进天龙。

二、主办单位：天龙酒业营销公司。

三、执行单位：天龙团队。

四、酒的名称：太岁酒。

五、酒的度数：42度。

六、酒质：纯粮原酒，不用酒精勾兑。

七、包装规格：500ml 茅台瓶，礼盒包装，一盒四瓶。

八、价格：统一价格108元一盒。

九、受众群体：中老年人，在家喝酒的人群。

十、营销模式：举办中老年人联欢会，邀请中老年人、在家喝酒的人参加。举行歌舞联欢，讲故事，讲酒对健康的重要性，讲中老年人生活话题，讲健康知识。参会者有礼品，送一个纸抽，或一条毛巾，或一双袜子等。

十一、会员：买酒成会员，参与者有赠品。成为会员有三个好处：买酒积分得奖品；有权益介绍新会员得积分；可以有权益参加旅游、歌舞、游戏活动。

十二、直接积分：买一箱酒108元，就可以成为会员，不用花钱入会员，还可直接积分108分，记录在平台上。

十三、介绍会员积分：成为会员就有权益介绍新会员加入，而且自己得积分。A会员介绍一个B成为会员，B买一箱酒，自己直接积分108分，同时，A会员也得积分，B会员消费2元A会员积一分，B会员买一箱酒108元，A会员积54分。这就是直接介绍积分。

十四、再介绍积分：B成为会员后，也有介绍新会员的权益。B介绍一个C成为会员，C买一箱酒108元，自己直接积分108分，B会员是C会员的介绍人，2元积一分，B会员得介绍积分54分。A会员是B会员的介绍人，是C会员的领导人，也得积分，C 消费 3 元 A 积一分，A会员得领导积分 36 分。

十五、持续介绍会员：持续介绍会员的目的是为了能够让市场自动化，产生自动市场，使市场无限延伸。C 成为会员后，也有介绍新会员的权益，以增加自己的积分。C 会员介绍一个 D，D 买一箱酒后成为会员，自己直接得积分 108 分，C 是 D 的介绍人，2 元积一分，C 会员得介绍人积分 54 分，B 是 D 的领导人，3 元积一分，B 得领导人积分 36 分，A 是 D 的总经理，4 元积一分，A 得总经理积分 27 分。

这是可持续发展的模式。

十六、积分的用途：积分可以兑换礼品，会员可以在平台电子商城里，用积分任意购买商品，如果积分多，还可以用积分参加平台组织的旅游、歌舞、游戏活动。也可以按 16% 兑换现金。

十七、领导人奖：会员为公司直接介绍 7位新会员，A 的营销团队达到 20 人的，公司给A 会员发领导人奖金 600 元，同时授予 A 会员领导人职称和证书。

十八、经理：成为领导人的会员，累计为公司介绍 30 位会员，团队会员总人数达到 100 人以上，月营销收入达到 10 000 元以上的，公司授予经理职务，发证书，成为公司职业领导人，每月得工作奖金 1200 元。享受公司各种福利待遇，享受公费旅游，得年终奖励。

十九、股东：按照把大客户纳入股东的原则，设立股东奖。经理在本团队培养出三位经理，就可以晋升为股东，享受市场股东红利。

本章重点：

1. 为什么要办卡：办卡的目的就是捆绑消费者，让消费者成为本店的长期客户。

2. 储值卡：以优厚奖励的办法，预收客户的钱，让客户长期在此消费，同时，用预收客户的钱去做更多的事情。

3. 积分卡：消费者买商品得积分，用积分兑换礼品，或用积分获得其他优惠待遇。以此方法回馈客户，让客户在此长期消费。

4. 本章重中之重是想让读者明白一个道理：一个好的经营模式策划案，个别企业使用效果好，会立竿见影。如果普遍都在使用，那就形同虚设，毫无意义。应该是人无我有，人有我优，个案个例，出类拔萃，一旦大众化，就没有价值了。

第十七章　餐饮模式

第一节　新开店案例

王老板在市区繁华地段选择了一个非常满意的地方，准备开一家火锅店，正巧有一家火锅店要出兑，王老板认真考察了位置、朝向、面积、建筑格局、停车场等等，还找人看了看风水，都很满意，就兑了过来，不惜花重金进行改造装修。正当王老板招兵买马，整装待发要开业的时候，却突然发现距他家店不远的地方，也有一家店在装修，比他家店规模还要大。王老板一了解，那家店老板很有实力，而且，也要开火锅店，这个打击可不小，这可怎么办？这么强大的对手在这里，我的店还能好吗？王老板非常上火，想不干了，已经投入了这么多资金，不能不干。干吧，遇到这么强大的一个对手，没有办法。正当王老板一筹莫展的时候，他的一个朋友跟他说："开宾馆干饭店，各干个的。他开他的，你开你的，多家在一个地方更好，买卖不怕扎堆，赚不赚钱就看你老板的了。开饭店就三点：菜品、价格、经营模式。花钱请一个策划机构，抓紧开业，领先一步抢占先机。"王老板不信，他朋友说："菜品、价格你都能做好，但是，经营模式你一定要找专业机构来做，找专业人做专业事，做企业策划非常重要。"王老板半信半疑，但没办法，便花钱请了策划公司。

一、开业给客户发红包

王老板按照策划方案，招聘业务员，组建运营部，对周围一公里范围内的所有商贩企业单位进行调查摸底、排队分类，掌握客户资源。在开业前，派出业务员，给排列前两级的客户发请柬，内有感谢信、邀请函，还有一张 200

元的代金券，有效期十天。邀请各位领导、老板在本店开业期间来捧场，总计发出去 500 份邀请函。自己开业，拿万元给大家发红包。

开业一周时间，天天客满，饭口排队，接到邀请函的客户朋友，大多都来了，都是大桌，消费一般在 500 至 1000 元，真是开业大吉，开门红，打响了第一炮。

二、会员制搞储值

完成开业第一步，收到了预期的效果，在人气兴旺、口碑极好的热烈氛围中，开始实施第二套方案。业务员走访来用过餐的客户，送小礼物，征求意见，掌握信息，建立客户档案。同时，预约下次再来就餐。

业务员根据客户分类，进行再次走访的时候，就开始送会员卡，把客户都纳入会员，进行会员制管理，经常开展不同形势、不同内容的联谊活动。并且把活动计划方案分送给客户，让其事先有个准备。就这样把饭店与客户紧密地联系在一起，让客户看到一个朝气蓬勃、兴旺发达的有前途的饭店，赢得了客户的信任。业务员继续努力，深入客户中，给客户办储值卡。一星贵宾客户储值 1000 元，赠 10%，充值卡里充值 1100 元；二星贵宾客户储值 3000 元，赠 15%，充值卡里充值 3450 元；三星银卡客户储值 5000 元，赠 20%，储值卡里充值 6000 元；四星金卡客户储值 10 000 元，赠 25%，充值卡里充值 12 500 元；五星钻石客户储值 30 000 元，赠 30%，充值卡里充值 39 000 元。大多数客户都是去掉一个最低的一星级，去掉一个最高的五星级，储值 5000 元的银卡客户或储值 10 000 元的金卡客户。在开业三个月的时间里，吸引客户办储值卡达 200 多万元，真是竹子开花节节高。

三、把大客户拉入股东

王老板直接升级，注册成餐饮公司，建立组织机构，设立策划部、运营部、客户部等组织机构，策划部运筹帷幄连出奇招，运营部开拓进取屡战屡胜。按照把大客户纳入股东的战略方针，业务员定向专攻钻石客户、金卡客户、银卡客户，给他们优惠政策，让他们入股成股东，而且，名额有限，先入抢位，位满为止，机会难得。不久，王老板周边的大客户，都成了他的战略合作伙伴，入股成了股东。不到半年，王老板不但锁定了客源，还收回了全部投资。旁边那家大的火锅店，也就偃旗息鼓，销声匿迹了。

第二节　运营中的模式

正在运营中的一家中餐饭店，近千平方米的规模，几十个员工，地理位置也很好，可是，一年以来越来越不景气，月月赔钱，老板着急上火，眉头紧锁，整天板着个脸，真是老板老板老板着脸。他倒是想笑，可饭店不景气，月月赔钱，他怎么能笑得出来。

老板在自身查找问题，四处去学习，提升自己格局，增加自己知识。自己能力不够，就请一个有能力的人。在朋友的帮助下，花高薪聘请了一位职业总经理。总经理经过调查研究之后向老板递交了一个企划方案，老板看后，不太理解，但是，还是批准实施了。

总经理组织服务员到饭店周边发广告，对过往行人也不间断地发广告，广而告之。在本店营业期间，第一桌来就餐的客户，实行一折优惠，要求是一桌六人以上、餐费300元以上，恭请到贵宾房间，享受最好的服务。结账时，交全款，其余九折资金充值到储值卡里，不是会员没有办卡的，免费送会员卡，当场纳入会员。并且，按照储值卡储值的金额，还会享受相应的会员政策。按照这个方式，第二桌来就餐的，三折优惠；第三桌来就餐的，五折优惠；第四桌来就餐的七折优惠；第五桌来就餐的九折优惠，同时享受赠菜一道。人有占便宜的心理，你优惠，就会吸引人来，用一折优惠的营销模式吸引客户，逐渐地客户多了起来。总经理在执行这个策划案的同时，也增加了一些措施，提高卫生等级，提高服务质量，提高菜品品位。把服务员也调动起来，预约客户，与效益挂钩。开始出现了预约订桌，抢先占位，饭店客户盈门，吃饭排队。

一折要赔多少呢？不赔。这次收入一成，余九成储值了，已经全额收款了。客户至少还要来两次以上，两个十成加一成是二十一成，三次平均是七成，是利少，而不赔。而客户的储值卡里储值多少钱还有利益，为此锁定一个长期客户，是非常划算的。

一个金点子，可救活一个企业。

第三节　小店模式

有家小饭店，面积百十平方米，地址在小城市的街道上，营业厅里几张餐桌，还隔出几个小单间，门面不是很大，牌匾也不是很明显，是一家极其普通的小饭店。全员几个人，饭口时，忙得团团转，能卖出去千八百的，闲时没事干，忙时少，闲时多。菜单上列出的菜品几十种，实际上经常做的菜品也就十几种。平均一天营业额一千多元，算算账不赚钱，勉强坚持几个月，实在挺不住了，没有什么办法，裁员减人吧，把本来就不多的人，又减去两个，去掉费用总算没有赔，还在坚持，没有关门大吉。老板冥思苦想，无计可施，天天愁眉苦脸。一天有一个客户说："现在点子公司、策划机构很多，你怎么不去找找，给你策划策划，也许能有转机。"老板说："我这个小店，一直赔钱，也没有钱哪。"客户说："你想赚钱，又没有赚钱的能力，就只能去找有能力的人来帮助你赚钱，你才能赚钱。"老板说："我这个小店太普通了，人家能给我设计吗?"客户说："你去找啊，不找怎么知道行不行。"老板还真找了策划公司，进行营销策划。

第一步：做好产品

改菜品、饭品，把原来一百余种菜品，改成6道荤品、9道素品，就叫《6和9》，把这15道菜品做精、做熟，做出特色。把原来的一盘一炒，改成铁锅炒，炒大菜，菜多可口入味。把原来的面条、水饺都去掉，只单一做米饭，不用电饭煲蒸，用大铁锅，先捞后蒸，用碗装，做碗蒸饭。

第二步：送外卖

改变经营模式，把坐店经营改成以送外卖为主。一份外卖三盒装，一盒饭，一盒两样素菜，一盒两样荤菜，送到客户手中12元。

第三步：建立团队

招聘送餐人员，开始，只招聘4个人，都是小男孩。给他们的工资报酬是底薪加提成和工作表现。送餐的交通工具是自行车，由饭店提供，落实到人头，丢失赔偿。

送餐员一天工作12个小时，边送餐边发广告，在整个城市，不论机关、学校、商铺、居民，做到小广告铺天盖地，经久不息，从不间断，达到广而告之，家喻户晓，人人皆知。

第四步：公司化运营

开始送餐人员只有4人，到后期，逐渐加人，送餐员达到20人以上，一个人一天最多送餐达到上千元，不仅送餐一天能卖出去一两万元，而且，带动店内也兴旺发达起来，一天也有三四千元的营业收入。小店经过营销策划真的做成了大事业。

按照策划方案，小店提档升级，成立公司，做成真正的餐饮企业，建立健全各项规章制度，完善公司化运营机制。

多年以后，送外卖的成了大城市里的一道风景线，小店老板成了送外卖的开山鼻祖。

本章重点：

1. 通过新开业案例，我们应该悟出这样几点道理：第一，不打无准备之仗，不打无把握之仗，不能想干什么就干什么，不能盲目投资，要谋定而动。第二，自己不专业，就请专业人做专业事。第三，财散人聚，先舍后得，生财之道。

2. 一个金点子，救活一个企业的案例屡见不鲜。利用人们占便宜的心理，推出绝对优惠的政策，吸引客户来消费。积攒人气，增强企业活力，再充分调动其他积极因素，挖掘潜能，乘势而上，恢复生机，救活企业。

3. 不论在什么起跑线上，你都是最好的，要相信自己。大与小是相对的，多少大企业，都是从小企业发展起来的，小企业做出大事业的案例很多很多。你只要相信自己，你就有无限空间，做成最好的你。

第十八章　互联网加模式

互联网成为当代时尚，互联网企业机构更为时代宠儿，被人们倍加推崇。中共十八大以来，大众创业，万众创新，互联网电商，更如雨后春笋，蓬勃发展，大江南北，遍地开花。互联网现代通信网络，把信息进行大数据云计算，实现全球化网络覆盖，互联网加就是把各个领域的信息实践化。互联网加农业，推进农业生产、加工、销售等产业链环节的结合，实现农业发展科技化、智能化、信息化的发展方式。互联网加商品，就是电子商务。互联网加商业经营模式，就形成了更加先进的物联网模式。

物联网经营模式

把大客户纳入股东，让消费者消费赚钱，别人消费我赚钱。

物联网需要三个前提条件

一、整合资源，保障供给

物联网是一个平台，在这个平台上要有体验店和网上电商，这里所销售的产品，第一要保证质量；第二要保证价格最低，低于市场同类产品的流通价格；第三要保证正常流通，不能出现交了钱不发货的现象。这就要求有保障的货源，所以，物联网平台要整合一些生产、经销企业，帮助他们推介产品，处理库存。既帮助了一些经营困难、销售不畅的企业，销售产品，走出困境，又给物联网平台提供了物美价廉的商品。在物联网平台上流通的产品，大都来自于厂家，中间环节少，价格就低。可以说，物联网是帮助企业发展的平台，在这里，企业所要做的，就是生产好的产品，及时发货，讲究诚信，保证供给。物联网商城产品要齐全，既要有家庭生活用品，还要有粮油、电器产品，甚至要有汽车、房地产。

二、建立异地物联网会员之家

物联网主张，让会员在快乐、游玩当中消费赚钱。物联网经常组织会员旅游，开展各种游玩活动。物联网平台以各省为核算单位，在各省建立会员之家，各省进行互动，到异地去旅游，所以要建立三个以上的会员之家，逐渐发展，立足全国，面向世界。

三、APP 后台支持

物联网会员在体验店，或在网上电子商城购买商品，都要实行电脑记录，实现自动分成、自动转账的功能。这就需要有一个 APP 团队，做后台支持，以保证物联网平台正常运转。

物联网会员制度

一、会员。不论是经人介绍，还是自己自愿，只要是在物联网平台上购买 120 元商品，就自动生成，成为物联网会员。

二、会员权益。成为会员有权益介绍会员、经理、股东。每成功介绍一个会员、经理、股东，物联网平台奖励其交易额 20% 的奖金。享受物联网平台利润分红。在一定时期内，累计介绍 50 位会员，在本会员区域经理名额没有满的前提下，可晋升为经理。在一定时期内累计介绍到 100 位会员，在会员区域股东名额没有满的时候，可晋升成为股东。

三、经理。一次性购买 5000 元商品的，就可以成为经理。一个县市为一个物联网会员区，一个会员区只有 20 个经理名额。

四、经理权益。免费参加异地旅游；享受会员十倍的利润分红；再次购买 5000 元商品，在会员区域股东名额没有满的时候，可以晋升为股东。发展三个经理，也可以晋升为股东，前提是本区域股东名额没有满。享受年终奖金。

五、股东。一次性购买 10 000 元商品的，就可以成为股东。一个会员区域只有十名股东。

六、股东权益。会员区域股东是会员区域的领导人，有领导权益；免费参加异地旅游；享受会员二十倍的利润红利；享受年终奖励；享受股东红利。

七、物联网平台股东。一次性缴纳十万元

现金，做物联网平台投资，建设物联网会员基地，做发展物联网基金，即可成为物联网平台股东，享受物联网平台股东权益。

物联网运营模式

一、每个省在建立会员之家的同时，还要建立一个实体体验店和一个电子商城。

二、商品在物联网平台上互通，各地实体体验店要有地方特产商品，地方特产商品也可以互通。

三、各商品供应都由厂家直接供货，物联网平台享受厂家价格，免去中间商环节。物联网平台具有孵化器功能，为企业发展助力，帮助企业销售产品，帮助企业排忧解难，做企业发展平台，为企业服务。

四、物流模式。

会员到体验店，或在电子商城选好商品，交款后，APP后台自动把信息发到厂家，厂家有专人负责发货，会员接到货后，要签收，APP后台自动结算，发红利。

五、分利模式。

物联网平台不进行采购、销售业务，只是为企业搭建平台，使企业商品与消费者直接见面，减少中间环节，让消费者得到实惠。厂家要给平台一个结算价格，平台要给会员一个销售价格，把中间产生的利润进行一个有益分配。

以天龙酒业公司纯粮酒为案例：

1. 天龙酒业营销公司每箱酒与物联网平台结算价格是 72 元。

2. 天龙高粱原酒每箱市场价格是 180 元，物联网平台给会员的优惠价格是 120 元。

3. 物联网平台收取 20% 的差价利润，作为物联网平台的运营费用。余下 80% 作为物联网会员分润基金。

4. 分润原则：消费会员与未消费会员平均分，分润时间一周之内，由 APP 后台通过手机物联网公众号发到会员手机里。如；A 会员区域一周内销售 20 000 元商品，产生 5000 元分润基金。物联网平台收取 20% 利润 1000 元，余下 80% 利润资金 4000 元做平台会员分润。本会员区域有会员 300 人，经理 15 人，股东 5 人。会员 300 人就是 300 份，经理 15 人每人 10 份，就是 150 份。股东 5 人，每人 20 份，就是 100 份。合计分润份数就是 550 份，分 4000 元利润，每份是 7.27 元，会员每人分润 7.27 元，经理每人分润 72.70 元，股东每人分润 145.40 元。（本例只是说明分润原理，数字不准确，请理解）

5. 物联网平台只是分润，不在分钱多少，是一种生活乐趣，是一个快乐平台，物联网平台为人民生活、为社会和谐服务。会员不论消费与否，都得红包，会员自己一边消费一边赚钱，自己不消费，别人消费自己还赚钱，不论赚钱多少，就是为了高兴，实现了让所有会员都快乐的美好愿望。

本章重点：

互联网时代，实现了大数据云计算，进行了全球性网络覆盖，营造出大众创业、万众创新的空前时代。互联网加就是把各个领域信息实践化。互联网加农业，推进了农业生产、加工、销售等产业链环节的结合，实现了农业发展科技化、智能化、信息化的发展方式。互联网加商品，就是电子商务。互联网加商业经营模式，就形成了更加先进的物联网模式。

物联网经营模式：把大客户纳入股东，让消费者一边消费一边赚钱，别人消费我赚钱。物联网为企业搭建平台，推介产品，帮助企业减库存，处理积压商品，帮助企业排忧解难。物联网建立会员之家，让会员在游玩中购物，实现消费和不消费都得红包的生活乐趣；为社会和谐服务，实现让所有会员都高兴、快乐的美好愿望。

第十九章　乡企新模式

第一节　乡企模式的意义

全国各地政府的工作重点，都是脱贫致富。脱贫就是要从根本上解决贫困问题，帮助农民做好种植工作，按地质、地势、地温，当地自然条件，科学、合理地种植高值农作物，以使农民增产、增收，达到脱贫的效果。但是，仅靠土地种植能脱贫，却不一定能致富，农村要想富，就要建设企业做项目，走农业加企业产业化道路。这就给企业创造了发展机遇，一些涉农企业的老板，以高瞻远瞩的目光，展望未来，把握时代商机，乘势而上，转向农村，做互联网加农业的乡企合作产业园，引领中国农企合作新时代。

天龙酒业公司进驻黑龙江农村，走乡企合作之路，做开拓乡村市场的先行者，帮助农村脱贫致富，做出一个企业与乡村结合的示范新模式。

第二节　种植合作

一、由企业牵头，企业、乡村机构、农民三方成立种植公司，统筹规划，科学、合理地种植农作物。

二、以自愿为原则，动员农民带地入股。农民土地按位置、地质、地势、承包年限作价，与种植公司签协议入股。农民成为新型有产阶级，做股东，得红利。

三、农民土地入股后，有劳动能力的农民要转型到企业工作，成为新型农企的员工，按工作岗位，按月挣工资。

四、种植有销路的高值农作物。旱改水，发展水稻种植。黑龙江省寒地黑土，一年一季作物，大米好吃，深受全国各地人民欢迎，黑龙江大米不但价格高，而大有供不应求的趋势。所以，种植大米是好项目，要大力开展旱改水的转项工作，把水稻种植作为种植公司的主产作物。

五、种植订单作物。种植高粱，自产自销，高产稳产，旱涝保收。天龙酒业公司入驻农村是以高粱原料产地的优势，生产纯粮酿造酒，不用酒精勾兑，打造黑龙江原酒品牌，销售全国各地，使农企双赢，增产增收，真正做到让农民脱贫致富，改变农村面貌，创造农企合作新天地。

六、栽种果木。在劣质地块开发栽种果木，本小利大，一次投资，收益十几年。果树下，可以种植药材，可以养殖禽类，立体利用，还可以用于旅游观光，游客亲自采摘鲜果。

七、种植蔬菜。一年四季，山东蔬菜源源不断地运来黑龙江，黑龙江富有土地资源，种植蔬菜理所当然，发展蔬菜种植，是种植业的好项目。

八、种植土豆。土豆营养丰富，是一年四季不可或缺的蔬菜。土豆不仅需求量大，而且，深加工可以提高更大的附加值。如：做土豆粉条、土豆淀粉等。

九、种植花草树苗，美化环境，产值高。

第三节　养殖合作

一、成立养殖合作公司，负责产业园区养殖工作。

二、养牛场。肉牛与奶牛分开饲养，农民可以带牛入股，实行集体统一饲养，利于管理，利于防疫，利于销售。三年之内不卖不杀，以养殖为主，建成千头规模养牛场。

三、养猪场。养隔年猪，以散养为主。可以做广告订制养猪，预交定金，协议代养，一年后交猪，也可以代养代杀，送肉上门。

四、养马。马陪伴人类几千年，给人拉车犁地，现在社会发展了，马退出了原始作用，马也正在减少，几乎看不到马了，马的价值很高，但是，饲养的成本并不高，可以饲养一些马，以供观光旅游，可以骑乘，可以围猎。

五、养驴。驴身上都是宝，不但驴肉好吃，驴板肠好吃，驴皮阿胶更珍贵。驴饲养成本不高，但是，价值却很高，需求量大，养殖的很少，很畅销，资源紧缺。所以，养驴项目好，可以观光，可以卖肉驴，可以发展壮大。

六、养鹿。鹿全身是宝，价值很高，养鹿以观光为主，而且，收入不菲。

七、养鸡养狗，营造鸡鸣狗吠的农庄景象。

八、养鱼。选一适合地方，挖一条环形人工河，长2000米，宽20米，深2米。两万方土修外坝，防止雨大流水冲灌，六万方土堆积岛内建土山，山上植树造林，栽种花草，建楼建亭。水面养鸭、鹅，种植菱角、荷花，设置游船。水里养鱼，河水用于种植水稻。

第四节　产业集团

一、天龙酒业公司入乡建厂，以原料产地

的优势，专业生产纯粮酿造酒，100%原酒不用酒精勾兑。山东、河南、内蒙古等地白酒批发市场，需要纯粮原酒，而且，需求量大。打造黑龙江纯粮白酒品牌，是白酒发展方向，可以发展成十亿产值的企业。

二、米厂。把种植的水稻，生产成大米，销往河南等地方，产销一体化。

三、商贸公司。建网站，做电子商务。组建营销团队，把联合体生产的所有商品销售出去。

四、粉条厂。把土豆生产加工成粉条、淀粉，销售到河南等市场。

五、油脂公司。生产玉米胚芽油、大豆油。

六、建筑公司。有计划、有规划地建设新型农村，逐步改造农民住房，建设钢骨结构的简易楼房，叫停农民建筑砖混结构房屋。

七、电力公司。农村有大面积的草原，在草原上面设置太阳能集热板发电，不影响草原生态，电能供给产业园区生产与取暖，使产业园区的能源自给自足。

八、旅游公司。岛内建宾馆，开饭店。以黑龙江特产蘑菇、木耳为特色，以粉条、豆角、绿色蔬菜为食材，专做东北菜，吸引南方游客来游玩。建设公寓式宾馆，让游客住得休闲舒服。岛内建设游猎场，散养鹿，散养牛、羊、驴，散养猪，散养鸡、兔子，开展骑马弓箭射兔子、骑马弓箭射鸡等游乐围猎活动，其他动物不能伤害，只供观光。水面上有游船，有游乐场，把南方游客候鸟族，向春燕一样吸引到黑龙江这里来避暑度假。把新型农庄建设成宜居、宜养、宜游的现代化新农村。

九、夜校。培训农民技能，提高农民素养，让现代农民向城市居民一样，享受现代文化生活。

十、文艺团。丰富文化生活，提高文化品位，让游客和农民共同参与，自娱自乐，乐在其中。让游客和现代农民一起享受精神生活，提高社会文明程度。

十一、保安公司。白天有值班、站岗，晚上有巡逻队巡逻，负责安全保卫工作，同时也装点生活，让农民安居乐业，和谐生活。

本章重点：

1. 乡企产业园区的意义：建设产业园就是互联网加农业，农村要想富，就要建设企业做项目，走农业加企业产业化道路。涉农企业老板要把握时代商机，进军农村，做农企产业园，引领中国农企合作新时代。

2. 成立种植公司。改变现有的不合理的种植结构，科学、合理地种植高值农作物，让土地发挥出最大的经济效益，不要浪费肥沃的黑土地资源，贻误商机，坑害农民。发展种植业，是黑土农业的立身之本。

3. 成立养殖公司。黑龙江有得天独厚的养殖环境，养殖技术成熟，养殖项目繁多，发展养殖业，是农村脱贫致富的必由之路。

4. 产业集团。企业入乡，建设农企产业园，改变农业种植结构，满足企业原料需求，建设新型农企家园，实现人民渴望美好生活的愿望，是今后发展的趋势，是社会发展的必然。

第二十章　股权众筹模式

第一节　股　权

股权很神圣，也很神秘。因为股权代表资产，代表事业，代表社会地位。股权运作于极少数人之中，是商业秘密。有人对它很神往，也有人很惧怕它，股权确实有一层神秘的面纱。一般企业的股权是这样的，由多个投资人组建公司，按投资比例占有股权。也有按作用、技术占股的，各种情况都有，按投资占股的还是比较普遍的。股权是一个学科，股权分配是科学。

经营性企业的股权多是这样的分配形式：

一、投资股。投资人占大股，有的是控股。

二、公司高层领导人、重要部位人员、高管等占小股，一般低于10%。虽然是小股，但是，这部分人数少，股份权益大。

三、员工股权，低于10%股权，其中包括中层领导人、营销团队、员工团队等。这部分股权人数多，股份权益少。员工股的设立是让员工有主人翁意识，激发员工积极性，产生凝聚力。

四、客户股。客户股权，低于10%股权，目的是把大客户纳入股东，捆绑客户，稳定市场，保证产品销售顺畅，保证企业稳定发展。

第二节　直链股权众筹

有一群做生意的青年，几乎天天在一起喝酒聚会，谈经论道。有一天，一个青年倡议："我们天天喝酒聚会，把钱都送给别人家饭店了，还没有一个理想的、舒心的地方，我们为什么不自己开一家饭店，吃的喝的自己做，安全放心，在自己饭店吃喝玩乐也心里舒服。而且，还不耽误我们现在各自的生意。"大家都说这个倡议好。

年轻人爽快，雷厉风行，说干就干，一联络有二十个小老板愿意参与，倡议者是董事长，其余参与者做股东，成立了董事会。

一、二十位股东二十股，每股投资 5 万元，总投资 100 万元。

二、兑到一个近 500 平方米的中餐店，房租便宜，改造装修以大方、卫生、安静为主旨，不奢华，不做作，以通常家庭风格为主题，让人有回家的感觉，给人一个亲切、舒服的就餐环境。名字就叫"回家吃饭"。

三、聘请职业经理人，经营管理。

四、股东有宴请活动要首选"回家吃饭"，股东每周最少要在"回家吃饭"有一次饭局。

五、成立餐饮公司，实行公司化管理，董事会每月聚会一次，公开财务账目，股东每人一份月报表。

六、每月一次月分红，年终总决算，分年终红利。

七、建立健全各项管理制度，完善管理机制。董事会建立六个监管部门：1. 财务监管部，由懂财务的三个人负责；2. 策划部，由点子多的三个人负责；3. 市场部，由人脉广的三个人负责；4. 管理部，监管饭店运营；5. 组织部，负责股东的管理工作；6. 开发部，负责企业发展。做到人人有事可为，都有兼职工作，发挥群策群力集体智慧，把一个饭店做大做强，最终成为连锁餐饮机构。

第三节　多链股权众筹

天龙酒业公司为开发山东市场，在山东济南组建天龙酒业营销公司，做股权众筹，方案如下：

一、企业名称：山东天龙酒业营销公司

二、地址：山东省济南市

三、公司性质：股份有限公司

四、经营项目：白酒

五、公司主张：传承传统工艺，生产纯粮

酿造酒，100%纯粮原酒，不用酒精勾兑。

六、品牌：天仓海酒，50度，500ml，一箱六瓶。受众人群：中老年人，喜欢喝50度酒的人。

七、股东资源：山东省17个地市的白酒运营商，要求有经营场所，有多年白酒销售经验，有销售网络渠道，有正能量，积极开拓市场，能够有营销能力，能完成销售任务。

八、股份：天龙酒业公司是发起人，投资100万元，只占20%股权。余下80%股权做众筹，众筹200万元，80股，每股2.5万元。

九、股东：每位股东只可认购1至10股，以到位资金为准，签订股东协议。

十、股东认股成功后，公司按股东股金给相应价值的酒，实现股东无资金投入入股，股东把酒批发出去后还要赚钱，达到赚钱入股。

十一、股东认股成功后，就要大力销售公司的产品天仓海酒，为公司拓展营销渠道，为公司开发市场，公司给每位股东要下达销售任务。

十二、认股成功后，股东尊享三大优惠政

策：免费参加公司举办的老板演讲培训班，提升老板的演讲能力；免费参加公司举办的旅游活动；免费参加公司举办的企业诊断会，公司为股东企业做营销策划方案。

本章重点：

1. 股份是一个学科，股权分配是科学。股权代表资产，代表事业，代表社会地位。股权运作于少数人之中，是商业秘密，所以，股权很神秘，很神圣。

2. 股权众筹：是指公司出让一定比例的股份，面向普通投资者，投资者通过出资入股公司，获得未来收益。在实际生活中其实就是众人出资在一起合作做事业。直链众筹就是小范围、小规模、简单的一次性出资，众人在一起合作做生意。

3. 多链股权众筹：股权众筹的形式多种多样，多链股权众筹就是复杂一些，制约多一些，形式多样化一些，其目的就是为了降低风险，成就事业，提高成功概率。

第二十一章　滞销产品营销模式

第一节　白酒市场现状

白酒是中国国酒，历史悠久，文化底蕴丰厚。中国人历来喜欢喝白酒，逢年过节餐桌上必有白酒，朋友来了有好酒，结婚庆典，家有大事小情一定要喝酒，酒与人民生活息息相关，酒一直伴随中国人民走过了几千年。

现在，白酒市场每况愈下，全国各地白酒市场一片萧条。查其原因林林总总，主要的有几种：第一，政府反腐倡廉，不许公务员大吃大喝，不许团购，不许请客送礼。这就减少了白酒一个最大的消费群体。第二，经济发展了，人民生活富裕了，轿车进入中国人的普通家庭，喝酒不开车，开车不喝酒已成为人们的共识，这又减少了一个最大的白酒消费群体。第三，现在社会上到处都在宣传健康知识，中老年人原本是最大的白酒消费群体，中老年人讲健康的多了，喝酒的越来越少了。总体来看，白酒销量在减少，白酒营销工作越来越难了，过去市场上的快销品，现在成了滞销品。如何让白酒市场复苏，如何让白酒重新占据市场，成了营销界一大难题。

第二节　营销产品

天龙酒业公司为让白酒爱好者能喝到真正的、真材实料的窖藏老酒，特推出珍藏十年的纯高粱老酒，用景德镇青花瓷瓶，原汁原味地灌装成瓶，礼盒包装，古韵古香，珍贵无价，是宴请宾朋、逢年过节家人团聚餐桌上的极品，是馈赠亲友的珍贵礼品，是有车族后备厢珍藏的特供酒，希望能够满足白酒爱好者的愿望。

一、白酒名称：天仓海特供酒，十年陈香，

纯粮原浆。

二、酒的度数：42 度。

三、白酒香型：浓香型。

四、酒的质量：保证是纯粮酿造，保证是十年陈香。

五、包装：礼盒包装，一盒两瓶，一箱三盒。古典风格，古色古香。

六、酒的价格：一瓶 120 元，一箱 720 元。

第三节　营销方案

一、销售方式：按组销售，一组 50 箱，300 瓶，150 盒，36 000 元，不零卖，好酒卖给识货的人、爱酒的人，好酒卖给有缘的人。整组销售利于白酒爱好者珍藏，整组销售利于经营者营销。

二、卖一组 50 箱酒，即聘为天龙酒业公司销售经理，聘用期一年，工资待遇是基础工资加提成，基础工资按月开支，一个月 1200 元，提成工资按业绩开支，不统一管理，自由活动，任性工作。

三、销售经理在聘用期间，负责天仓海酒营销，再为公司销售一组 50 箱酒，该经理即可再继任一个聘用期，继续得基础工资 12 个月。

四、销售经理在一个聘用期内，为公司销售第二组 50 箱酒，公司给提成 10%，即奖励 3600 元现金。

五、销售经理在一个聘用期内，为公司销售第三组 50 箱酒，公司给提成 20%，即奖励 7200 元现金。再以后每多销售一组酒，该经理就会得到 20% 的奖励，即 7200 元的现金奖励。

六、公司给每位经理建立档案，记录每位销售经理的工作业绩。

七、销售经理在一个聘用期内累计完成五次销售业绩，公司按照把大客户纳入股东的方式，聘用该经理为公司营销股东，享受营销股东年终红利。同时，继续享受业绩工资。

八、公司帮助营销股东组建营销团队，公司支持把营销团队做大做强。

九、公司将有计划地开展各种培训及会务

活动，销售经理要按时参加，公司将按销售经理的表现，给予支持和优惠待遇。

十、销售经理在一个聘用期内，没有为公司销售组酒，该销售经理将不再得基础工资，自然离职，以后不能再与天龙酒业公司合作。

十一、销售经理在任职期内，负能量大，负面影响大，损坏了公司名誉，造成经济损失的，公司有权解除销售经理职务，取消工资待遇。

十二、酒是食品类，一经售出，概不退换，如有纠纷，依法裁决。

本章重点：

白酒是中国国酒，有历史，有文化底蕴，与人民生活息息相关。白酒原是快销品，现在是滞销品，白酒销售是营销界的老大难。销售滞销商品，需要做好营销方案，用非常方法，销售非常商品。这个策划案里有五个特点：1. 产品好，纯粮酿造，十年陈香，物以稀为贵。2. 包装设计合理，适销对路。3. 整组销售，不零卖。4. 有针对性的个例销售，成功概率大，好做营销。5. 销售经理无工作压力，自由自在，轻松工作。

后 记

企业经营与管理的范畴很多、很广，在此，我所分享的只是站在初创企业老板的角度来阐述的个人心得。比如：财务管理就是一门独立的、科学的管理体系，不是一个章节就能说清的，我只阐述一个老板应该掌握的知识与管理技能。在本书我所分享的每个章节，都是一个独立的方面，它们既独立，又相互关联，所以，希望我的分享能够带给读者一些帮助。但是，企业的经营与管理是有阶段性的，微小企业在创业初期，如果能够按照我所分享的去做，就能够帮助创业的老板把企业规范成型，企业成长也需要时间和过程。在微小企业阶段，老板能够运用企业文化，能够建设好领导团队、员

工团队、营销团队，建立健全规章制度，企业就会发展得很好。就好像儿童要学习小学课程，少年要学习中学课程，青年要学习大学课程一样，到中型企业阶段，企业经历了创业的基础过程，成长壮大了，上了更高的台阶，就应该学习相应的更深层次的知识课程，企业才能发展得更好、更大。